荀子的人生哲學

——進取人生

《中國人生叢書》前言

中國聖賢是一個神聖的群體。他們是思想智慧的化身，道德行為的典範，進取成功的象徵。他們或者以自己的思想學說影響歷史，並構成民族性格與靈魂；或者他們本身即親身創造歷史，留下光照千秋的業績。

但歲月流轉，時代阻隔，語言亦發生文句變化。更不用說人生代代無窮已，歷來學問家詮釋演繹聖賢學說，形成眾多門戶相左的學派，同時又相應神化聖賢事跡。於是，聖賢便高居雲端，使常人可望不可及，只能奉為神明，頂禮膜拜。

然而，消除阻隔，融匯古今，無論學問思想，或者智勇功業，如此二者常常並不是分離的，且必然是人生的，為社會人生而存在的。這就是聖賢學說、智略、勇氣、運籌、奔走、苦鬥，成功的經驗，失敗的教訓，乃至道德文章，行為風範，也體現為一種切實的人生。因為聖者賢者也是人。

這是一種存在，無須多說什麼。但存在對每一個人並不意味著親切，也不意味著自覺。我想聖賢人生與我們這些凡夫俗子的人生加以聯繫。聖賢不正是一個凡夫俗子，經許多努力，經許多造就，才成其為聖者賢者的嗎？

當然還有一個重要方面，時世使然矣，這就是歷經漫漫千年的中古時代，又歷經憂患求索的百年近代，世界文化已在衝擊中國人的生存方式。該如何確立中國人的人生路，我總認為無論是作為一種一脈相承的文化淵源，還是作為一種精神參照與啟迪，都莫如了解中國聖賢人生，莫如將我們平凡的人生從聖賢人生與學說找到佐證，找到圭臬。所謂古人不見今時月，今月曾經照古人。正是由此理解，由此思忖，我嘗試撰寫了《莊子的人生哲學》，問世以來即引起讀者的關注與歡迎。並且成為我組織一套《中國人生叢書》的直接引線。

我大致想好了，依然如《莊子的人生哲學》一樣，一書寫一聖賢人物。我還不揣譾陋，以我的《莊子的人生哲學》為範本，用一種隨筆的文體與筆調，古今結合，史論結合，聖賢人生與凡生結合，我還要求每一位作者對他所寫的聖賢人物，結合自己的人生閱歷對聖賢寫出獨特的人生體驗。我請了我的多位具卓越才識的朋友，他們都極熱心地加盟這套書的寫作，並至順利完成。

現在書將出版了，我需感謝我的朋友們，感謝出版社，希望更多的讀者喜歡他。

揚帆

目錄

話說荀子

荀子其人

荀子名況；
戰國時趙人；
生於公元前三一四年，卒於公元前二一七年。

荀子，又名荀況、荀卿、孫卿，戰國時趙國人。《荀子》因人而名。關於荀子的生卒年，說法頗多。據游國恩考據：荀子生於公元前三一四年，卒於公元前二一七年，活了九十三歲，可見荀子是一位長壽之人。

荀子十五歲就遊學齊國。當時，齊國在戰國七雄中比較強盛。齊宣王爲擴大其政治影響，招賢納士，使得天下飽學之士匯集都城臨淄稷下學宮，如大學者孟子、騶衍、宋鈃、愼到等都曾在此講學。他們奉領大夫的厚祿，號稱列大夫，最開心的是他們可以自由地講學議論，發表修身治國平天下的見解。於是乎，諸子百家薈萃齊國，臨淄成爲令人神往的學術活動中心。而立之年，荀子爲齊國祭酒，諫進齊相，齊相不聽，加之齊國國勢日漸衰微、列大夫紛紛鳥獸散去，荀子也快快離齊，南遊楚國。

齊襄王時，稷下學風再度興起，荀子重遊齊國。這時，老一輩的學者大都作古，荀子在學術上的成就也日益超拔，在列大夫中「最爲老師」，被尊稱爲卿，三次擔任稷下學宮主講。

荀子除在齊國講學外，也曾回到趙國，在趙孝成王面前議論兵事。荀子還到秦國謁見秦昭王和秦相范雎，對秦國政治頗爲贊賞。可惜秦國不重視儒學，他不得已重返齊國。可見，荀子懷抱治國宏願，文韜武略，周遊列國，渴望得到君王的賞識，以施展其才能抱負，然而事與願違，他的政治理想終未能實現。

由於有人在齊王面前說了壞話，荀子在齊國待不下去，只好投奔楚國。當時春申君黃歇爲楚相，正招徠人才，於是就留下了荀子，任他爲三陵令。不料後來春申君被刺，荀子丟官居家，著書立說，這就是我們看到的《荀子》。荀子一生主要從事教學，他教過不少學生，其中，最爲著名的學生是傑出的思想家——韓非，和政治家——李斯。

荀子其書

《荀子》一書，
內容豐饒，思慮精湛，蹊徑獨闢。

《荀子》原有三百餘篇，經劉向校閱整理，編定爲三十二篇，取名《孫卿新書》。到了唐代中葉，一個叫楊倞的人把《孫卿新書》分爲三卷，重新編排，加以注釋，定名爲《荀子》。今天我們所見的《荀子》，就是楊倞所編定的。《荀子》一書，大部分爲荀子親筆所著，少部分爲他的弟子紀錄整理，成爲我們研究荀子思想的主要依據。

《荀子》一書，內容豐饒，所及哲學、政治、經濟、軍事、法律、倫理、教育、科技、歷史、文藝，無不思慮精湛、蹊徑獨闢。荀子治學謹嚴、識力卓著，刺取諸子，綜合百家，既師法有源，又不抱殘守缺，規模宏浩，戛戛獨造，成爲中國古代思想的集大成者，一個爲諸子百家劃句號的人。

荀子學說一個顯著特點就是極富批判精神。《非十二子》是批判諸子的名篇，《不苟》、《解蔽》、《儒效》、《富國》、《王霸》、《天論》、《正論》、《樂論》等篇，鋒芒所向，如秋風過林、摧枯拉朽。荀子非難它囂，魏牟脫略禮儀，反對墨子平等兼愛；非難陳仲、史鰌貴賤不明，諷刺宋鈃寡情少慾；指責愼到、田駢尙法無法，詰難惠施、鄧析「不法先王，不是禮儀」以及孟子不明性惡，老子貴賤不分，莊子「蔽於天而不知人。」凡此種種批判，鞭辟入裡，尖銳中肯，知其精華，諷其糟粕，揚長棄短，可以說，荀子對諸子的批判具有劃時代的意義。

荀子學說的另一個顯著特點是「求實精神」。當時百家爭鳴，諸子只重言辯辭利、不務其實，「奇辭起、名實亂，是非之形不明」，（《正名》），或「用名以亂名」，或「用實以亂名」，或「用名以亂實」，總之，就是歪曲事實、名實相悖。荀子站起來，勇毅、堅定而犀利、大力提倡「課以名實相符」，用今天的話來說，就是實事求是。所以，荀子的文章絕少浮氣華詞，不切實際的幻想，不著邊際的玄思，不得要領的論辯，不可考查的言語，凡此種種統統爲荀子所唾棄。

荀子的信仰

天不能主宰人類，人類可以駕馭自己，人世治亂的關鍵不是天意，而是人為。

荀子最富價值的理論是關於人的理論：人定勝天。荀子說：「天行有常。」（《天論》）天就是自然，意思是說，自然有它自己的運行規律。天不能主宰人類，人類可以駕馭自己，人世治亂的關鍵不是天意，而是人爲。

荀子的想法實實在在，他認爲，如果人勤奮耕作，省儉節約，那麼天也不能使其貧窮；如果人注意營養、鍛鍊身體，那麼天也不能使其疾患；如果人按照一定的規律和程序辦事而不出差錯，那天也不能使其遭禍。所以說，人的吉凶福禍，取決於人做什麼以及怎樣做。

不僅如此，荀子還有一個更大膽的想法，人不僅不靠天，而且可以戰勝天。他有一段非常精彩的文字：「大天而思之，孰與物畜而制之？從天而頌之，孰與制天命而用之？望時而待之，孰與應時而使之？因物而多之，孰與騁能而化之？思物而物之，孰與理物而勿失之也？願與物之所以生，孰與有物之所以成？故錯人而思天，則失萬物之情。」（《天論》）這段話的大意是說：推崇上天而思慕它，那裡比得上把它當作物體來畜養而控制它？順應上天而歌頌它，那裡比得上掌握自然規律來利用它？盼望有利的天時，等待上天的恩賜，那裡比得上順應季節的變化，使天時爲人服務呢？聽憑萬物自然增多，那裡比得上施展人的才能，對萬物加以變革改造呢？一心想著萬物爲自己所利用，那裡比得上合理利用萬物，不造成浪費呢？仰慕萬物怎樣生產，那裡比得上促進萬物更好的成長呢？荀子的結論是，放棄人爲的努力，只是指望老天爺的恩賜，那沒有情感的老天爺什麼也不會給你。

這樣一段人定勝天的思想如劃破天空的慧星，耀眼驚心。它鼓舞著人，安慰著人，肯定著人，有力地恢復了人的價值，尊嚴和自信，也極大地調動了人的主觀能動性，對陶冶人性，改造社會，推動歷史發展具有不可估量的深遠意義。

荀學的基礎

人之性惡，其善者，僞也。

一方面，荀子肯定了人的力量，另一方面，他也絕不諱言人的醜陋。他是一個讓人難堪的人，他的目光直指人性中最骯髒，最黑暗的部分。他說，人生來就好利、好色、好嫉妒，如不加以克制，任其發展就會產生爭奪，淫亂乃至危及整個社會秩序。荀子所認爲的善，則是一切行爲符合道德規範、服從禮儀制度，但這是人性中所沒有的。爲了把人由惡引向善，就需要聖人君主對臣民進行教化，需要禮儀制度和道德規範的引導。荀子打了個比方——彎曲的木頭必須修整才能挺直，鈍刀必須磨礪才會鋒利。

「人之性惡，其善者，僞也。」（《性惡》）荀子認爲，人的本性是醜惡的，所以善，那不過人爲的結果。孟子則說人性本善，荀子一次次地批判道：「是不然，是不及知人之性，而不察乎人性僞之分者也。」（《性惡》）在他看來，孟子沒有把本性與人爲加以區分，因而不能正確理解兩者關係，從而也就看不到教化的作用。他打比方說：人的本性，是一種原始的樸素的材料，而人爲則是禮儀道德加工的成品。沒有原始材料，禮儀道德就沒有加工的對象；沒有禮儀道德的加工，人的本性也就不能自行變得完滿美好。

人性本惡是荀子全部學說的基礎。它徹底打破了天賦的道德觀念，否定了先天良知的存在，提出了人人都可以成爲聖人的主張，從而爲禮儀、道德、君師、修煉對於人的重要提供了理論依據。他說，堯舜與桀跖天性一樣，可前者是聖人，後者是小人，所以，關鍵在於後天的努力。

人當自救，荀子在人性上強調人爲的力量，這與他否定有一個至高無上的、法力無邊的天神存在，人不但可以駕馭自己，而且還可以戰勝自然的思想是一脈相通的。

風格——進取人生

學不可以已。

青，取之於藍而青於藍；冰，水為之而寒於水。

人的本性是醜惡的，那如何才能達到完美境界呢?·這就是教育、學習和磨鍊，並因此形成一種進取人生的風格。

《荀子》開篇就是「勸學」，可以想見荀子的良苦用心。荀子舉了很多例子來說明學習重要的道理。他說：「學不可以已。青，取之於藍而青於藍；冰，水爲之而寒於水。」這話的意思是——學習不能夠停止。染料靛青是從蓼藍草中提煉出來的，但比蓼藍還青；冰，是由水凝結而成的，但比水還冷。荀子把人的性比做藍草和水，而把美好的人生比做靛青和冰，那麼變化的中心環節是什麼呢？荀子認爲那就是教育，學習和磨鍊。荀子還講到——「木受繩則直，金就礪則利」，出生在邊遠地區的孩子，降生時的啼哭與中原的嬰兒完全一樣，可長大了以後，他們的風俗習慣相差很遠，原因就在所受的教育不同。一個人所受的教育多，就懂得禮儀制度，成爲善人；不受教育，惡的本性就不會變化。所以，教育、學習、磨鍊對一個人的成長至關重要。

雖然荀子主張人性本惡，但他認爲人人都有從善向善的願望。一個人有了這種願望就應付諸行動。否則，即使「終日而思」也不如「須臾之所學」，紮紮實實地學習比空空洞洞的幻想更爲可靠。一個人想要成爲善人、聖人，除了持之以恆地學習，不斷積累知識和品德，別無選擇。「不積跬步，無以至千里；不積小流，無以成江海。騏驥一躍，不能十步；駑馬十駕，功在不舍。鍥而舍之，朽木不折；鍥而不舍，金石可鏤。」路是一步一步走出來的，江海是小溪一條一條匯集而成的，人的知識也是一點一點累積而成的。馬有優劣之分，人有愚智之別，聰明人不學習也會一無所獲，愚笨人堅持不懈地學習也會大有成就。學習是一個循序漸進、不斷積累的過程，勤奮、耐心、刻苦是通往成功的康莊大道。

然而，人不是爲學習而學習，而是爲人生而學習。因而學習態度，也即人生的態度。人性惡，但後天漸有善良的願望，學習可使人改惡從善，使人格完善，於此，學業、事業也得到精進、發展。或者，事業、學業的發展、精進，必然又促進人格的完善——「積善成德，而神明自得，聖心備焉。」於是，荀子進取人生的風格與哲學，就尤其有流水不腐，與時俱進的詩意與魅力。

人性惡

人性本惡

人的本性是惡的，而善是後天人為的。

現在的人的本性，生來有喜好私利的，順著這種本性，於是人與人之間的爭奪就發生，謙讓便消失了。人生來就有忌妒，仇恨的，順著這種本性，於是殘害忠良的事發生，忠誠信用便消失了。人生來就有耳目的慾求，喜好聲音美色，順著這種本性，於是淫亂的事發生，禮儀，等級制度和道德觀念便消失了。既然這樣，放縱人的本性，順著人的情慾，必然會發生爭奪，出現違反名分，破壞社會禮儀秩序的事，從而導致暴亂。所以，一定要有君師和法制的教化、禮儀的引導，然後才產生謙讓，出現合乎等級制度的禮儀秩序，從而導致社會安定。由此看來，人的本性是惡的已經清楚了，性善，不過是後天人為的。

——荀子《性惡》語譯

人性善惡

孟子的「性善論」具有理想性，荀子的「性惡論」卻更具現實性。

人性是善的，二千多年前，孟子如是說；二千多年後，我聽見荀子如是說，人性是惡的。

人性究竟是善的，還是惡的？至今也是一個糾纏不清的問題。告子乾脆就說，人性不分善惡，好像水不分東西。這話也有道理，一個人只要敢於面對自己，誰不會感到他既是一個天仙又是一個魔鬼？

一個人和另一個人的立場不同，他們的觀點自然也會不一樣。

孟子力圖從「性善論」中爲統治者實行「仁政」尋找理論根據；荀子則力圖從「性惡論」中爲統治者實行「法治」提供理論基礎。「仁政」訴諸人的天良，「法治」則訴諸人的理性。

孟子說人性本善，實際上他是從人的肯定性一面來鼓勵人，安慰人；荀子說人性本惡，實際上他是從人的否定性一面來鞭策人，警醒人。

所以說，孟子的學說具理想性，荀子的學說更具現實性。

當孟子說，人性本來是美善的，我們應該感謝他對人的讚美，但同時我們也感到了他的學說對生活的粉飾以及與現實的矛盾，我們不能原諒我們的卑鄙和犯罪。

當荀子說，人性本來是醜惡的，我們應該感謝他對人的真率，但同時我們也會感到尷尬，他的學說一針見血，直指人的最醜惡、最骯髒、最猥瑣的那一部分，我們清楚地知道我們該改變些什麼。

二千多年後，諸侯兼併，列國爭雄，爭地以戰，殺人盈野，爭城以戰，殺人盈城。爲一個美女甚至一塊碧玉，也會發動一場戰爭。人性惡極如此，一個人成了另一個人的豺狼。

二千多年後，人性並無多大改觀，損人利己，損公肥私，坑蒙拐騙，勾心鬥角，殘酷陷害，嫉妒成性。爲了官位，職稱和住房甚至一個面子，也會爭個槍來箭往，你死我活。人性惡極如此，一個人成了另一個人的深淵。

其實，任何時代，任何社會都有公而忘私的人，為民請願的人，捨己救人的人。但人們往往忘記了他人為自己做的十件好事，而記住了一件壞事。人對幸福往往滿不在乎，可對遭遇不幸卻刻骨銘心。所以，一個人的惡行比他的善舉更強烈地刺激人。

人啊，太脆弱了，以致他嫉惡如仇。

那就讓我們敞開自身，赤裸裸地面對荀子，透過他的目光，觀照心靈深處的光芒與灰土。

為與不為

自然生就的，叫做本性；可以經過學習得到的，叫做人為。

孟子說：「人之所以能夠學習，是因為本性善良。」孟子還說：「人的本性善良，只是由於喪失了善良的本性，才變惡了。」

荀子不以為然，他一次又一次地反駁說，人的本性，是自然生成的，不是後天人為的，即使通過學習或模仿也不能得到的。

荀子辨析說：不可能學習到的，也不是人為的，而是自然生就的，叫做本性；反之，可以經過學習得到，經過後天努力成功的，叫做人為。這就是本性與人為的區別。

人的本性，生下來就為己為私。人不為己，天誅地滅，說的就是這個意思。如果隨心所欲任其發展，爭執與格鬥就發生了，謙讓也隨之消失了。

人生來就喜歡忌妒，忌妒並不是受到了他人的侵犯，而僅僅是他人比自己強，即他人得到了自己沒有的或珍貴的東西。如果隨心所欲任其發展，陷害誣蔑就出現了，忠誠信賴就消亡了。

人生來就有生理的慾求，對美色的本能親近和占有，雖然有法律、道德和倫理的約束，但人對美女還是垂涎欲滴。如果男人的目光是釘子，那每一個漂亮的女人都會百孔千瘡的。如果不加節制任其發展，淫亂就會發生，道德觀念就消散了。

放縱人的本性，放縱人的情慾，社會秩序就必然被破壞，禍亂必然四起，暴虐必然橫行。這時，法制就產生了。

法律的產生並不是爲了獎勵人的善舉，而只是爲了懲罰人的惡行。當惡行受到制裁，善舉才得以保護；當惡人受到處罰，好人才得以平安。

荀子說，人餓了就想吃，如果餓了不敢先吃，那是爲了表示對長輩的謙讓；人累了就想休息，如果累了卻不敢休息，那是爲了替長輩多做些勞動。兒子對父親謙讓，兒子替父親勞動，這兩方面的行爲都違反了人的自然本性。可是這是事親奉孝的原則，違背不得的。而按照人的本性和情慾是不會謙讓的。

所以說，性惡是天生的，性善是後天人爲的。人自自然然地爲自己，經過教化培養才爲他人；人情不自禁地爲自己，經過權衡比較才爲他人。也就是說，人主動地爲自己，被動地爲他人。

性惡並不可怕，可怕是找不到救渡的途徑和方法。

慾壑難塡

人生的過程就是不斷產生慾望的過程。

人生的慾望可以說無窮無盡，生理的慾望，心理的慾望，愛的慾望，被尊重的慾望，成功的慾望，有了慾望，就要求實現；慾望部分實現了，又要求全部實現；慾望一時實現，又要求永恆擁有；一個慾望實現了，新的慾望又產生了。人生的過程就是一個不斷產生慾望的過程。

慾望得到滿足，人就會心情舒暢，慾望得不到滿足，就會遺憾不止。而且，慾望實現了，你也許會不以爲然，可一旦慾望得不到實現，你就會耿耿於懷。所以，有人說，人生就是由大大小小的痛苦的鏈環連接而成的。

當然，不是說人不該有慾望，慾望也不一定就是一個壞東西。一個人存在慾望，說明他仍然活著，在不斷地追求著。然而，只要有慾望存在，痛苦也就不會離去，慾望的痛苦質而言之是追求的痛苦或是追求而不得的痛苦。話又說回來，慾望有時也是洪水猛獸，如果利慾薰心，慾壑難塡，欲罷不能：它會在你糊塗之時不知不覺地淹沒你，在你淸醒之時明目張膽地呑食你。

吃飽了，穿暖了，還不夠，最好美味佳餚，綾羅綢緞；還不夠，最好山珍海味，錦帽貂裘。賢妻有了，還不夠，最好有個風情萬種的；還不夠，最好有個美貌絕倫的；還不夠，最好有個知書達理的。被人尊重了，還不夠，還要別人俯首貼耳，還要別人赤膽忠心。獲得成功了，還要別人舉額相慶，還要別人褒揚，不得批評。當了處長，想局長，當了局長，想廳長，當了廳長，想當部長，當了部長，還想……

人啊！他的慾望就像一個無邊無際的黑洞，何時何處才是盡頭呢？

楊朱說，高大住宅，華麗衣服，甘美食品，漂亮女子，有這四樣，又何必追求別的呢？有這些又追求別的，就是貪得無厭，必損人滅己。

楊朱的說法不一定高妙，但他至少說明了二點：一來人應該有慾望，二則人的慾望應該有一個限度。

所謂知足常樂，智者如是說。

人追求自己沒有的

人之所以追求善，是因為他生性醜惡。

俗話說，老婆是別人的好。

老婆再好，也是自己的，已經占有的，不再新鮮的，招之即來，揮之即去的；別人的老婆再不好，也不是自己的，好比水中之花、雲中之月，可望而不可即，一旦她眞的成了你的老婆，你還是覺得不如先前的老婆好。很多人都明白這一點，可見了別人的老婆，心裡總有一種奇怪的感覺。這沒有辦法：人追求自己沒有的。

假如本身沒有，必定向外尋求，這樣，就有了：薄的希望厚，醜的希望美，狹小的希望變得廣大，貧窮的希望變得富有，卑賤的希望高貴、粗俗的希望文雅。所以荀子說，人之所以追求善，是因爲他生性醜惡。

但追求善不一定更善，追求眞不一定更眞，追求美不一定更美；結果剛好相反，追求善卻更惡，追求眞卻更假，追求美卻更醜。

比方說，一個人為他人做了一件好事，這應該說是一個善舉，可他逢人便說，我為某某做了什麼什麼啦！也許他不是為了說才去做的，但他逢人便說卻成了惡行，因為他利用了自己的一次善舉。他不知道一個人並不因為他做了一件好事就是一個善良的人，也不因為他做了一件壞事就成了一個醜惡的人。他不知道一個人做一件好事並不難，難的是一輩子做好事，難的是遭到誤解，身處逆境也仍然做好事。他更不知道他為別人做了一件好事，客觀上是幫助了別人，主觀上卻幫助了自己，也就是說，他既是為別人做的，也是為自己做的，他為自己積累了善舉。

有了這樣的想法，一個人才會看重自己所擁有的，看輕自己所沒有的，同時看輕自己所擁有的，看重自己所沒有的。

有了這樣的胸懷和氣度，一個人才會不寵不驚、不驕不躁，不怨不怒，追求自己所沒有的，正確看待自己所追求的。

人情不美

堯向舜問道：「人情怎麼樣？」舜答道：「人情很不好，又何必問呢？有了妻子，對父母的孝敬就差了，嗜好、慾望達到了，對朋友的信賴就差了，高官厚祿的願望滿足了，對君主的忠誠就差了，這就是人情呀！這就是人情呀！這很不好，又何必問呢？」只有賢良的人才不這樣做。

——荀子《性惡》語譯

趨利避害

豐富本身就是誘惑，而貧乏本身就是動力。

趨利避害是人的一種本能。

無論你承認還是不承認，人的本能孕育著人的全部罪惡：你的每一過失每一負疚每一犯罪都與本能密切相關，只要你敢於打破砂鍋問到底。

當火成爲一種災難，我們就會跳出這災難。當水演變成一個令人憂傷的故事，我們就會逃出這故事。誰也沒有引導你，你是在沒有理性的勸喻下完成這跳出或逃出的。

當晚霞在天邊燃燒成一面壯麗的旗幟，我們就會臨近晚霞。當山川在大地上曲折東進逶迤南行，風雲際會，競獻奇峻美秀，我們就會沉醉於山川。我們的生命似乎在臨近或沉醉中變得更加美好。

人赤祼祼地來到世上，一無所有，世界把他層層疊疊地包圍，一抬眼，一伸手就是整個世界。世界太豐富，太博大了，而人卻一貧如洗。

於是豐富本身就是誘惑。

於是貧乏本身就是動力。

於是他餓了就想吃，冷了就想穿，看到金錢就想占有，見到美色眼睛就發亮。他用貧窮反抗豐富，他要把一切都變成我的。他拼命一般去獵取，收羅，聚集，似乎獵物愈多就愈富有。他根本就沒有想到赤祼祼地來到又將赤祼祼地回去。他獵取了多少還將留下多少，一絲一毫也不屬於他。

可他還是不斷獵取，獵取就成了生命本身。或者他試圖通過獵取來證明什麼，結果，證明還沒有完結，生命就已經中止。

盲目而又自信的人。

功名利祿

功名利祿是用花環編織的網，一旦陷入，就無法自在逍遙。

世人都說神仙好，唯有功名忘不了。

人人都想活得瀟灑一點，輕鬆一點，快樂一點，但終其一生也瀟灑不了、輕鬆不了、快樂不了。他們被什麼東西拴住了、纏住了、卡住了，這東西就是功名利祿。

於是功名利祿成了人生的境界，似乎功名愈大利祿愈厚人生也就愈美妙滋潤。其實，功名利祿是一副用花環編織成的羅網，只要你進去了，你就沒法自在與逍遙。沒有功名利祿，於是乎想得功名利祿。得到了小的功名利祿，又想得到更大的功名利祿。得到功名利祿，又害怕失去功名利祿。人生就在這患得患失中度過，那裡品嘗得到人生的甘美清純的滋味呢？

世人只知道功名利祿會給人帶來幸福，殊不知功名利祿也會給人帶來痛苦。

為了功名利祿，我們勞心、勞神、勞力。為了功名利祿，我們計劃、忙碌、奔波。為了功名利祿，我們懷疑、詐欺、爭鬥。為了功名利祿，我們玩陰謀，耍詭計，逢迎諂媚。

世人只知道我們容易遭到他人的傷害，可不知道最容易傷害我們的仍是我們自己。是我們把功名利祿當成了生活的最高準則，一切的目的，一切的手段。我們為之而生，為之而死，死死生生，無窮無盡。

你把全部的青春、生命和愛情獻給了功名利祿，可在你臨終之際，它卻無情地背叛你，連一聲再見也不說。

人情不美

人情不美；

人心叵測、人情如紙。

堯向舜問道：「人情怎麼樣？」舜答道：「人情很不好，這又何必問呢？」

人情不美。人心叵測。人情如紙。

你不要顯示才華和高尚，他會因此而嫉妒你。你可別得意，他在最陰暗的角落詛咒你。你也別太神氣，他會用最骯髒的語言攻擊你。嫉妒是沒有原因的，他嫉妒你是因爲他需要嫉妒你。有時是因爲他的才能不如你，有時是因爲你的才能居然和他相差無幾。

如果你無意中知道了他人的秘密，那你可就在劫難逃：倘若你表現出來，他就公開與你爲敵；倘若你佯裝不知，他會時刻提防你，並在私下算計你。

請不要輕易相信他人的知心話：他很眞誠地在張三面前講李四的壞話，轉過身去他又很眞誠地在李四面前講張三的壞話；警惕那些在人前講人壞話的人，也許你的某些壞話就是由他講出來的。

可不要輕易接受他人的憐憫，當他比你差的時候，他決不會同情你；除非他成功了，而且遠遠地超過你，他才會幫助你。而且他這幫助又不致於使你超過他。除非他居高臨下，他才會憐憫你。

如果你成功了，一定會有人巴結你，討好你；但你可別失敗，一旦失敗他一定會像避瘟疫一樣避開你：人就是喜歡接近成功的人、走運的人，而避開失敗的人、倒霉的人。

即使是世界上你最愛或最愛你的人，那又如何呢？他或她是世界上最敢於無情傷害你的人，最敢於撕破面具、向你伸出匕首的人。他或她可以容得下世界上所有的人的傷害，唯獨不能忍受你的傷害。

反躬自省

君子廣博地學習，而且每天檢查和反省自己，就明白道理，而行動也不會犯錯誤了。

志向完美，就傲視權貴；以道義為重，就藐視王公大臣。內心省察自己、注重思想修養，就覺得外物輕微了。

看見了好的品行，一定要認真地省察自己有沒有這種好的品行；看見了不好的行為，一定要懷著憂懼的心情反躬自問。自己有了好的品行，一定要堅定不移地加以珍視；自己有了錯誤，一定要如同被玷污了一樣感到厭惡。

——荀子《勸學》、《修身》語譯

敢於反省

反省就是將當局者變成旁觀者，將自己當成審視的對象。

當局者迷、旁觀者清。

一個人不容易看清自己的過失、而旁人卻容易看清他的過失。這倒不是他不願正視自己的過失，實在是「不識廬山眞面目，只緣身在此山中」。反省就是把當局者變成一個旁觀者，他自己把自己變成一個審視的對象，也就是說，他跳出局限，站在另外一個人的立場、角度來觀察自己，評判自己，這就叫超越。

孟子擔任過稷下學宮的主講教師，孟子這樣敎誨荀子：

如果我愛人，人卻不親近我，我就應該反省自己的仁愛有沒有缺點。如果我治理人，而不能把人治理好，我就應該反省自己的智能有沒有缺點。如果我禮貌待人，人卻不禮貌待我，我就應該反省自己的敬意有沒有缺點。所以，凡事爲善而得不到應有的反應，就應該在自己身上進行反省。

荀子也成了稷下學宮的主講教師，荀子這樣告誡韓非子：

一個人看見了好的品行，一定要認眞省察自己有沒有這種好的品行；一個人看見了不好的行爲，一定要懷著憂懼的心情反躬自問。自己有了好的品行，一定要堅定不移地加以珍視；自己有了錯誤，一定要如同被玷污了一樣感到厭惡。如果這樣，那就會智慧通達、行動也就不會有差錯了。

春秋時，宋昭公衆叛親離，去國出逃，路上他對車夫說：

「我知道這次出逃的原因了。」

車夫問：「是什麼呢？」

昭公說：「以前，不論我穿什麼衣服，侍從無人不說我漂亮；不論我有什麼言行，朝臣無人不說我聖明。這樣，我內外都發現不了自己的過失，所以才落得如此下場。」

從此，昭公改行易操、安義行道。不到兩年，美名傳回宋國。宋人又將他迎回國，恢復了王信。他死後，謚爲「昭」，昭就是明顯，即能反省，有自知之明。

所以，過失並不可怕，可怕的是沒有反省的習慣、反省的勇氣和反省的智慧。

一個人沒有過失是不可能的，如果他每天都能反省並且成爲一種習慣，那麼，他將是過失最少的人，也可以相信他是天下最完美的人。

反省是一面鏡子，反省是一劑良藥，反省是所有美德中最值得珍視的美德，擁有反省也就意味著擁有完美。

自知者明

眞正聰明的人，因自知而自愛，因自愛而自强。

子路進來，孔子問道：「仲由，你說聰明的人應當怎樣？仁德的人應當怎樣？」

子路答道：「聰明的人讓人了解自己，仁德的人讓人愛護自己。」

孔子說：「你可以做『士』了。」

子貢進來，孔子說：「端木賜，你說聰明的人應當怎樣？仁德的人應當怎樣？」

子貢答道：「聰明的人了解人，仁德的人愛護人。」

孔子說：「你可以做『士君子』了。」

顏淵進來，孔子說：「顏回，你說聰明的人應當怎樣，仁德的人應當怎樣？」

顏淵答道：「聰明的人有自知之明，仁德的人要懂得自愛。」

孔子說：「你可以做『明君子』了。」

士、士君子、明君子是三種道德修養水準不同的人，明君子高於士君子，士君子高於士。

士以自我為中心，因而喜歡表現自我，努力讓人了解自己，愛護自己。士君子以他人為中心，因而努力愛護他人，讓他人表現自己。眞正聰明的人既無我又無他，無我就不圖威懾他人，無他就不會把他人的好惡當做自己的好惡。他自知，因自知而自愛，因自愛而自強。

荀子對此深有感觸：凡自己知道自己的人，不埋怨他人；自己知道自己命運的人不埋怨上天，埋怨別人的人必將窮困沒法；埋怨上天的人沒有見識。自己有了過失，反而責怪別人，豈不是太迂闊了嗎？

嚴於律己

對待自己，有了過錯不能輕恕，遭受困窘時則應忍耐。

嚴於律己，寬以待人。

別人有了過錯應該寬恕，自己有了過錯就不可寬恕；別人遭受困窘時應伸出援助之手，自己遭受困窘時應保持忍耐。能這樣想是美好的，能這樣做就更加美好了。

有一種人，對別人要求嚴格，對自己卻要求鬆懈；還有一種人，對自己要求嚴格，對別人也要求嚴格，這兩種人都難以和他人建立和諧的關係。

對別人要求嚴格是容易的，對別人要求鬆懈也是容易的，對自己要求鬆懈就更容易了，唯獨對自己要求嚴格是困難的。所以荀子說，嚴於律己，外物就輕如鴻毛。

春秋時，曾參很窮苦，魯國君主便派人送他錢財，對他說：「請添些衣服。」

曾參再三推辭。來人說，「並非你去求他人，是他人要送給你，為什麼不受呢？」

曾子說：「我聽說，受人者畏人，予人者驕人。即使他對我賜而不驕，我能受而無畏嗎？」始終不肯接受。

孔子聽說此事，讚道：「曾參之言足以全其節。」

不要以為曾參故作清高，而實在是他不願為外物所累啊！

外物是什麼?外物就是名譽、地位、錢財，外物會以各種各樣的方式來親近你，誘惑你，動搖你。如果你抵制不了它的影響，它就會迫使你成為它的囚徒。

嚴於律己，就是你成為囚徒前的最後的反抗。

外物是鎖鏈。其實，嚴於律己也是鎖鏈，只不過這鎖鏈是你自己給自己套上去的。雖然都是鎖鏈，但是其中的境界是大不一樣的。

防微杜漸

荀子以為：

禍亂皆根源於被輕忽的細微之處，因此君子應及時防微杜漸。

荀子說：任何事物的出現，都有其原因；人們行爲的後果，原因都在於自己。

荀子說：對流言蜚語要杜絕它，對財貨美色要遠離它。禍亂發生的根源是從那些細微的地方產生的。所以，君子應及時地防微杜漸。

扁鵲是戰國末年的一位醫生，他在列國行醫，素有藥到病除的美譽，醫名很大。

扁鵲到了齊國，齊桓侯聽說名醫來了，立即派人把他召到宮中，說：「你是聞名天下的醫生，這次到了齊國，就多住些日子，給朝中文武百官看看病吧。」

談話之間，扁鵲仔細觀察了一會齊桓侯，便說道：「陛下，您身上就患了一種病，應當早治。」齊桓侯大笑道：「我沒有病，我吃得好，睡得香，不痛不癢，能跑能跳，哪裡有什麼病呢？」扁鵲只好耐心地向齊桓侯解釋：「陛下的病還在皮膚與肌肉之間，現在還不太嚴重，因此您沒有太大的感覺，如不早治，病會越來越重的。」

齊桓侯很不高興。等扁鵲走後，齊桓侯便對大臣們說，「天下的醫生都是如此，總喜歡誇大其詞。你本來沒有病，或者有了一點不吃藥也會好的小毛病，他卻說你病得如何如何嚴重，你若是被嚇住了，就得請他開方吃藥。其實這些小病本來不治也會好的，但經他一治，功勞就歸他了。結果他是名利雙收。想不到連扁鵲這樣的名醫也離不開這一套。」

過了五天，扁鵲又去見齊桓侯，說，「我看陛下的病已有所發展，原先還只在皮膚與肌肉之間，現在已轉移到血脈裡去了。不趕快治療恐怕會深入體內，那時就麻煩了。」齊桓侯還是那句老話：「我沒有病。」扁鵲離開以後，桓侯更不高興。又過了五天，扁鵲再一次去見齊桓侯，非常緊張地勸齊桓侯說，「陛下的病已潛伏到腸胃裡了，再不趕緊治療，就沒有辦法了。」這次，齊桓侯更不高興，連話也懶得答了。

又過了五天，扁鵲又去宮裡，一見到齊桓侯就趕快轉身往外跑。齊桓侯便派人追問扁鵲，扁鵲說：「病在皮膚之間，用湯劑、藥熨就可以治好；在血脈之間，用針石可以治好；在腸胃之間，用酒醪可以治好；如果進入了骨髓，就是天神也無可奈何。現在齊桓侯的病已到達了骨髓，我已無能爲力，你回去吧，齊桓侯很快就會發病。」

再過了五天，齊桓侯果然病倒。派了許多人再去找扁鵲，扁鵲已離開了齊國。齊桓侯非常後悔，請朝中御醫治療，他們都束手無策。不久，齊桓侯便病死了。

人之病患如此，其他的人事也同此道理，小毛病人力可及，及時救治，可保安然無恙。到毛病大了，便悔之晚矣。聰明人知道理，終日謹慎，防微杜漸，即使在危難中也能自保無虞。太自信，太自我感覺良好，甚至諱疾忌醫的人，常常誤事，正像齊桓侯，不是因爲不聰明，相反卻是因爲聰明多了一點，或者聰明少了一點，終於弄得不可收拾。

因此，《易經》上說：「君子乾乾，夕惕若，厲無咎。」防微杜漸具體做起來也就如此。

節制與磨礪

木材挺直，符合木工的墨線，用火烘烤彎曲，做成車輪，它的曲度與圓規畫的曲線相合，雖然經過火烤、日晒，卻再也不能挺直了，這是因為經過火烘彎曲之後才這樣的。所以，木材經過墨斗畫線加工後便變直了，金屬刀劍經過磨刀石磨過之後就鋒利了。

——荀子《勸學》語譯

另一種力

人既有作惡的本能，又有向善、求善的願望。

荀子不是從美看到醜的，而是從醜看到美的。也許荀子太相信人了，他不得不首先看到人的醜。

常言道：「金無足赤，人無完人。」誰能坦然地站在上帝面前毫無悔意？誰能保持絕對的高尙與純潔？誰能擺脫一個長相廝守，賦予你歡樂與痛苦的我字？

人都有做作的時候。人都有撒謊的時候。人都有嫉妒的時候。人都有傷害他人的時候。人都有面具、都有最不徹底的時候。人都有猥瑣下流不入門的時候。人都有勾心鬥角、巧取豪奪、不擇手段的時候。

人活著一輩子，也就惡貫滿盈了。

但荀子不會拋棄人。誠然，惡是人生命最眞實的部分，但不是生命中唯一的東西、更不是生命中的全部。人既有作惡的本能，又有向善求善的願望。荀子所擔憂的是，人知道惡而不恥於惡，作惡多端而無絲毫的懺悔和負疚，甚至，惡成爲人求取生存的唯一目的和手段。

改惡從善！棄惡向善！這不僅是社會對一個人的吶喊，也是一個人內心深處的呼喚。一個人不可能長久地生活在虛僞中，生活在嫉妒中，生活在骯髒中。虛僞、黑暗和卑鄙的生活會殘酷地摧殘你，像雷電一樣打擊著你，直到你成爲自己厭倦，憎恨和噁心的對象。你幾乎被壓迫得喘不過氣來！你簡直就要爆炸了！像彗星拖曳著最後的瘋狂穿過夜空。

既然惡是我們無法擺脫的命運，那就讓我們像接受苦難、接受考驗一樣接受這命運。

在血水裡泡三次。在鹹水裡泡三次。在滷水裡泡三次。

經過夏日，經過冬雪，經過霜打，這樣的人生才更眞實，完整和美麗。

節制

懂得節制的人，不僅是一個懂得感情的人，也是一個懂得理智的人。

不懂得節制，就不懂得生活。生活的藝術就是節制的藝術。節制就是給慾望一個限度，不多不少，剛剛合適。節制是慾望的看護者。

人有眼耳鼻舌身，眼睛有眼睛的慾望，耳朵有耳朵的慾望，可以說，人的全身都是慾望。慾望像打擊樂一樣隱伏周身，旋轉著，撞擊著，奔突著，尋找滿足。上帝有天堂，人間有歡樂。

只要血液在流動，慾望就會伸出固執的手。可不要輕慢了它，它比朋友還忠實，影子一樣追隨著你。它的死心塌地迫使你不得不重新考慮和它維持一種諧調的關係。如果你能處理好這關係，你將心曠神怡，如果你不能處理好這關係，你會焦頭爛額。

節制將有力地增進你和它的關係，節制不是縱慾，當然也不是禁慾。倘若你冷淡了慾望，節制會提醒你，假使你嬌慣了慾望，節制會警告你。懂得節制的人，不僅是一個懂得感情的人，也是一個懂得理智的人。一個睿智通達的人。

荀子就是這樣的一個人。

荀子這樣談到他的日常經驗：

慾望無窮無盡。慾望即使不能窮盡，仍然可以近於滿足。慾望即使不能去掉，對慾望的追求仍然可以加以節制。抱有的慾望即使不能窮盡，對慾望的追求還是可以近於滿足；慾望即使不能去掉，追求的又不能得到，但想追求慾望的人總是應該節制自己的追求，按照正確的原則行事，並在可能的條件下，盡量使慾望得到滿足，在條件不允許的情況下，就要節制慾求，天下沒有比這更好的原則了。

話雖說得有些繞口，但荀子表達得已經十分清晰了。

磨礪

寶劍鋒從磨礪出，梅花香自苦寒來。

成大事者，莫不受盡磨難，在磨難中完成自我教育。

這一名聯已記不得出自誰之手，但可謂透徹地傳達了荀子的一大教育思想：木受繩則直，金受礪則利。千百年來也不知鼓舞與造就了多少志士仁人。

司馬遷自幼受其父影響，誦讀古文，熟讀經書，二十歲就漫遊全國，考察名勝古蹟，山川物產，風土人情，訪求前人軼事掌故。後又繼任太史令，得以博覽朝廷藏書，檔案典籍。太初元年根據父親遺志著手編撰一部規模宏大的史書。

正當司馬遷努力寫作之際，不幸的事情發生了。天漢二年，名將李廣之孫李陵率兵五千出擊匈奴，開始捷報頻傳，滿朝文武都向武帝祝賀上壽。但幾天以後，李陵被匈奴圍困，寡不敵衆，在士卒傷亡殆盡的情況下，被匈奴俘虜。前幾天稱頌李陵的文武大臣反過來怪罪李陵。司馬遷替李陵辯護，觸怒了漢武帝，被下於獄中。按照西漢的法律，大夫犯罪，可以錢贖身，但司馬遷家窮，拿不出那麼多贖金；往日親近左右，誰也不敢替他說情或幫忙，最後司馬遷受到了宮刑。

出獄之後，司馬遷擔任中書令，這是一種歷年來由宦官擔任的職務，對士大夫來說可算得上恥辱。司馬遷的朋友任安在獄中給他寫信，表示對他的行爲的不理解。司馬遷回答說：我並不怕死，每個人都有一死，或重於泰山，或輕於鴻毛，如果我現在死了，無異於死了一隻螻蟻。我之所以忍辱苟活，是因爲撰寫史書的宿願還沒有實現啊！從前，周文王被囚於羑里才推演出《周易》，孔子被困於陳蔡才作出《春秋》，屈原被放逐於江南才寫下《離騷》，左丘明失明之後才完成《國語》，孫臏被削掉膝蓋骨才編著《兵法》、呂不韋被貶於蜀地才作出《呂氏春秋》，韓非被拘禁於秦才寫出《說難》、《孤憤》啊！我要效法這些仁人志士，完成我的書啊！到那時，就可以抵償我的屈辱，即使碎屍萬段我也沒有什麼悔恨啊！

經過二十年的磨礪，司馬遷終於完成了名垂千古的《太史公書》，後人稱之爲《史記》。這是我國第一部規模宏大、結構嚴謹，體例完備的紀傳體通史。記述了自黃帝至武帝太初年間三千多年的歷史。

二十年，忍辱負重，難爲了司馬遷，也成就了司馬遷。或者換言之，玉不琢不成器，成人不自在，自在不成人，從一種廣義的，貫穿人生始終的教與育的眼光看，從古至今，凡成事者，成大事者，莫不受盡磨難，在磨難中完成自我教育，如此也水到渠成地成就事業。

然而，知道這道理不新鮮，只是作起來就難爲了人了。因而荀子的話千古以降喚起的不僅是人們的理智，更是感情與意志。

人最高貴

水、火有氣，但沒有生命；草本有生命但沒有知覺，禽獸有知覺但不懂禮義。人有氣，有生命，有知覺，又懂得禮。所以，人是天下最高貴的了。人的力氣不如牛，奔跑不如馬，但牛馬為人所役使，這是什麼原因呢？因為人能合群，牛馬不能合群。人為什麼能合群呢？因為人有等級名分。等級名分為什麼能貫徹實行呢？因為禮義來協調彼此的關係。所以，用禮義區別等級名分，各得其所，就能和衷共濟，和衷共濟就能團結一致，團結一致力量就大，力量大就強盛，強盛就能戰勝萬物。

——荀子《王制》語譯

人之爲人

人的偉大就在於，他對自身的弱點永不妥協的態度。

在地球上，在已知的星球上，人是唯一具有智慧、情感和心靈的動物，僅憑這些就足以使人驕傲的了。

人，宇宙的精華，萬物的靈長，上帝的寵兒，天地的魂靈，吸引多少文人騷客的禮讚。

孔子遊覽泰山，看見榮啓期在郊野行走，穿著粗糙皮裘，繫著繩索，一面彈琴，一面唱歌。孔子問他：「你這樣快樂，爲的是什麼呢？」榮啓期答道：「自然生育各種飛禽走獸，昆蟲魚蝦，只有人最尊貴。我能夠做人，這是天下第一快樂事。」

孔子似乎受到啓發。一次，孔子的馬房失火了，他退朝回家，首先便問：「燒傷了人沒有？」而不問馬有沒有燒傷。

榮啓期之快樂於做人，孔子之焦急於問人，正是看到了人的智慧、高貴和力量，這智慧、高貴和力量使人從根本上改變著自己，也使整個世界天翻地覆。

但人不是萬能的，人有其自身的弱點或局限，於是人假設了一個全能的上帝存在，讓他成爲自己的主人，自身力量的無限延伸，自身心靈的永恆歸宿。

人假設一個上帝存在，暴露了人的弱點；人假設一個上帝存在，說明了人追求完美。而追求完美又構成了人最大的，最美麗和最生動的弱點。

人的偉大就在於他對自身的弱點或局限永不妥協的態度，挑戰的勇氣，和超越的精神。

人的弱點或局限只有依靠並通過人自身的修養和冶煉才能克服，或者部分地克服，克服得愈徹底就愈接近完美。

人，愈是偉大就愈是完美。

人可以選擇

一個人會成為怎麼樣的人，全靠自己的抉擇。

人性，各個人可以說相差無幾，餓了就想吃飽，冷了就想穿暖、累了就想休息，無論帝王或庶民，無論堯舜或盜跖，無論君子或小人都沒有什麼不同。

但人與人之間又是多麼不同，何止天壤之別：有偉人也有凡人，有主人也有奴隸，有英雄也有懦夫，有高貴者也有卑鄙者，有捨身請命的人，也有明哲保身的人。

荀子說，一個普通人也可以成爲禹那樣傑出的人。之所以禹成爲禹，是因爲他實行仁義和法制；而仁義和法制即使是普通人也可以做到的。假使一個普通人做他明白的事，做他可能辦到的事，按照仁義和法制的道理去努力，那麼他成爲禹那樣的人就不是什麼難事了。假使一個普通人，以實行仁義和法制爲學習內容，專心一意地探索與深思熟慮，日積月累，經常行善而不間斷，那麼他就能夠達到最高的智慧了。

荀子還說，小人可以成爲君子，但他不肯做君子；君子可以成爲小人，但他不肯成爲小人。小人與君子，未必不可以相互轉換，可是他們不相互轉換。這是因爲他們可以這樣做但不這樣做的緣故。所以，一個普通人成爲禹那樣的人，是不可懷疑的；但實際生活中並不是每一個人都成了禹那樣的人。即使他成不了禹那樣的人，也不妨礙他成爲禹那樣的人。由此可見，一件事情可以做到，但未必一定能做到；雖然沒有做到，也不妨礙做到。

所以，一個人成爲什麼樣的人，全靠自己選擇；你將成爲什麼樣的人取決於你做了些什麼事。在這個世界上，只有你才能駕馭自己，驅動自己。你是你自己的主人。

可群可分

人不可能脫離社會而獨居，必須互相依賴、互相幫助，才能協調發展而生活。

群，就是組織社會；分，就是等級制度。

一個人的精力和能力都不可能同時掌握幾種不同的技藝，但他對生活卻又有不同層次，不同方向的要求，這就注定人不可能脫離社會而獨居，人必須互相依賴、互相幫助，才能協調發展而生活。然而居住在一塊的人們，沒有等級和秩序，必將引起爭鬥。荀子說，窮困使人憂慮，鬥爭產生禍亂，而拯救憂患，消除禍亂，就必須明確人的社會位置，職分和等級，從而達到組織社會群體的目的。

人活世間，就必然和其他人發生這樣或那樣的聯繫，他已經享受了社會所提供的各種各樣的福祉，他甚至都無法拒絕接受這種福祉，隨著歲月的流逝，這種福祉日益深厚。但人長久地居住在人群，喧鬧與繁華中，人就嚮往獨處或孤獨，面對的人愈多就愈感到孤獨。於是渴望大海，夢想山川，渴求燈下獨處；但眞正把孤獨給你，你消受得起嗎？這時你恐怕又嚮往喧嘩。與其說你喜歡孤獨，還不如說你不理解孤獨、更不理解合群。

社會對每一個人都敞開了大門，但這並不是說每個人都可以公平地分享社會的物質財富和精神財富。人生來就是不平等的，遺傳基因的優劣，家庭背景的優劣和社會環境的優劣都決定了人的不平等；況且，人的能力有大小，慾求有高低，更是加劇了人的不平等。這樣，社會就用一套法律制度來確立這種不平等。

在荀子那個時代，天子穿戴的是紅色的龍袍和禮帽，諸侯穿戴的是黑色的龍袍和禮帽，大夫穿禮服裨衣戴禮帽，一般人穿戴用白鹿皮做的帽子和衣服。在現代社會，等級更是森嚴，比方同是敎師，就有敎授、副敎授、講師、助敎之分，不同的職稱享受不同的待遇，這是人人都可接受的文明。人想活得滋潤和舒坦一點，就必須把自己納入社會的法制軌道，否則，貧窮和憂愁將親密地伴隨著你。

人定勝天

相信自己的人，常常把命運當成一個較量的對手，從搏鬥中享受到無限樂趣。

楊布問他哥哥楊朱說，「有兩個人年齡相近，面貌相似，可是他們卻一個長壽富貴，美名遠揚；一個卻短命貧賤，惡名昭彰。爲什麼？」

楊朱告訴他：「生死有命，各有不同，你可以任意而爲。你想拼命追求，沒有人會阻止你，也沒有人會反對你。日出日落，各忙各的，誰知道爲什麼我這樣，誰知道爲什麼他會那樣？說穿了，這都是命啊！」

命，這冥冥之中的力量，誰也無法證明他的存在或不存在，但人還是習慣於用自己的人生經驗對它進行猜想與反駁。事實是這樣的：當一個人身處逆境時，他常常相信命運；當一個人身處順境時，他往往忘記命運：命運就對那些相信命運的人發生效力。命運是什麼，命運就是一個人的心理承受力，一個人的選擇一個人做了些什麼事，他就會成爲一個什麼樣的人，命運不會欺騙他。

相信自己的人，常常把命運當成一個較量的對手，他需要一個對手來證明自己的力量；相信命運的人，常常把命運當成一個救世的菩薩，他需要一個菩薩憐憫自己的軟弱。結果，相信自己的人，成了命運的主人，他從搏鬥中享受到無限的樂趣；不相信自己的人，成了命運的奴隸，他從祈求中滋生了無限的哀憐。相信自己的人，敢想敢做，兢兢業業，奮發圖強，大有作爲；相信命運的人，畫地自限，悲天憐人，畏葸不前，毫無作爲。

人活著，不管你願意還是不願意，你都不得安生，人生就是一次搏擊，或者輸，或者贏，不一定每個人都能贏，但你不拼搏怎麼會知道自己一定會輸呢？其實，很多人不是輸給別人，而是輸給自己，還有比這更窩囊的嗎？

與天鬥，其樂無窮；與地鬥，其樂無窮。荀子充分相信人。

人不可貌相

觀看一個人的容貌，體態，不如研究他的思想，研究他的思想，不如看他選擇的思想方法。一個人的形象不能決定他的思想，他的思想又不能決定他所選擇的思想方法。思想方法正確，而思想又順應正確的思想方法，那麼容貌體態雖然醜陋，但思想方法對頭，這並不妨礙他成為品德高尚的君子。容貌體態雖然漂亮，但思想方法不對頭，這並不妨礙他成為品德低下的小人。做一個君子就叫做吉祥，做一個小人就叫做凶惡。所以，人的高矮、胖瘦、容貌體態的美醜，並不關係人的吉凶。古代的人無此一說，有學識的人也不說這樣的事情。

——荀子《非相》語譯

容貌與吉凶

容貌是外在的，但心靈、智慧和情感卻是深藏的。所以，觀看一個人的容貌，不如觀看他選擇的思想方法。

一個人的容貌與性格有一定的關係。

一個美麗的女孩容易被人喜愛，一個醜陋的女孩容易被人忽視；美麗的女孩無需費力就會被肯定，而醜陋的女孩卻需要花費很大的氣力才會被人肯定。美麗的女孩容易驕傲，醜陋的女孩容易自卑；美麗的女孩容易外向，醜陋的女孩容易內傾；美麗的女孩的成長是自然的，醜陋的女孩則多少有些病態。但這一切都不是絕對的。

人的容貌不是由自己決定的，但他的志向，思想和方法卻都是由自己決定的。人的容貌是外在的，但人的心靈、智慧和情感卻是深藏的。所以說，觀看一個人的容貌，體態，不如研究他的思想，研究他的思想，不如看他選擇的思想方法。一個人的形象不能決定他的思想，他的思想又不能決定他所選擇的思想方法；思想方法正確，而思想又順應正確的思想方法，即使容貌醜陋，這並不妨礙他成爲一個品德高尚的人。

堯是高個子，舜是矮個子，周文王是高個子，周公旦是矮個子，孔子是高個子，仲弓是矮個子，但他們都是品德高尚的人。過去，衛靈公有一臣子叫公孫呂，身長七尺，臉長三尺，額寬三寸，臉狹而長，鼻子、眼睛、耳朵全是在一張臉上，可他聲震天下。春秋時，楚國的宰相孫叔敖是期思地方的一個鄉下佬、髮短而禿頂、左手長，坐在車子上比車前的直木和橫木還要矮，但他使楚國稱霸於諸侯。楚國的葉公子高，個子矮小瘦弱，行走時好像連衣服都撐不起來。然而，當白公興兵作亂時，令尹子西和司馬子期都死在白公手下，葉公子高率兵挺進，殺死白公，安定了楚國。他的仁義與功名，後世傳爲美談。

所以，對一個人，不能只看他的高矮，不能只看他的胖瘦、也不能只權衡他身體的輕重，更重要的是看他的志向與德行。

靈魂不朽

再美的花也會凋謝，再美的容顏也會消逝。

唯有靈魂能不朽，精神能長存。

世間純粹以美貌流芳千古的不多，而男性幾乎絕無。

誰還記得西周時徐國君主徐偃王的相貌，眼睛可以看到自己的額頭；誰還記得孔子的相貌，面如凶神惡煞；誰還記得周公的相貌，身如直立的枯木；誰還記得舜時掌管刑法的皋陶（yāo）的相貌，面色青綠，好像剛被削去皮的瓜；誰還記得西周大臣閎天的相貌，滿臉鬍鬚，看不見皮膚；誰還記得殷王武丁的大臣傅說（yuè）的相貌，臉上沒有鬍鬚和眉毛；誰還記得大禹瘸腿，湯王跛足，堯和舜的眼睛裡重疊著兩個瞳仁呢？

但人們記住了堯舜的仁政，大禹的治水，秦皇的統一中國；人們記住了孔孟的仁義道德，老莊的自然無為，六祖的佛學與禪理；人們記住了張衡的地動儀，蔡倫的造紙、黃道婆的紡織技術；人們記住了李杜的詩，蘇東坡的詞，曹雪芹的小說；人們記住了伯牙鼓琴，王羲之的書法、唐伯虎的繪畫……至於他們的相貌無人知曉，他們的生平只能猜想，他們的生卒年月尚待考證。但後人卻記住了他們的豐功偉績，創造發明，思想意志，文采風流，從中吸取智慧的養料，力量的源泉，創造的勇氣與魄力。

再美的花也會凋謝，再美的容貌也會消逝。只有靈魂不朽！只有精神長存！

孔子有個孫子叫子思，他有次進見齊王，齊王的嬖臣美鬚秀眉，站立兩側，齊王指著笑道：「若顏貌可以互換，寡人不惜以眉鬚換與先生。」

子思回答：「這可不是我所希望的。我希望君王修禮義，富百姓，使我能寄妻兒子女於齊國境內，昔日堯帝身長十尺、眉生八彩，是聖人；舜帝身長八尺，有奇貌，無鬚髭，也是聖人，禹湯文武及周公，或臂折，或背僂，同樣是聖人。人之賢聖在德，豈在乎貌？我只患德之不昭，不病鬢毛之不茂。」

儀表

思想深邃、胸襟開闊的人，其儀表必會透露出他們所具有之素質。

一個人的容貌不能反映他的思想，但一個人的儀表卻能反映他的思想，教養，情操和性格。儀容不是裝出來的，而是自然流露出來的。一個思想深邃，品德高尚，胸襟開闊的人，一個思想淺薄，品質低下，心胸狹窄的人，他們的儀表一定會透露出他們所具有的素質。

一次，曹操準備接見匈奴使者，他擔心自己形貌短小，不足以給人威嚴的印象，於是讓崔季珪做替身，自己則握刀站立於座旁充當侍節。會見之後，曹操派人去問匈奴使臣：「魏王如何？」使臣答道：「魏王豐采高雅，無可比擬，但那坐旁的握刀人，才是英雄。」可見，名望、地位可以代替，而一個人的舉止氣質則不可代替。

荀子告訴你，長者風範：所戴的帽子高大，衣服寬敞，面色溫和，莊莊重重的，嚴嚴肅肅的，寬寬舒舒的，大大方方的，開開脫脫的，明明朗朗的，坦坦蕩蕩的。

荀子告訴你，幼者風度：帽子高大、衣服寬敞，容貌謹厚，謙謙遜遜的，溫溫和和的，親親切切的，端端正正的，勤勤勉勉的，恭恭敬敬的，隨隨便便的，拘拘謹謹的。

荀子還告訴你，小人醜態：帽子戴得低低，向前傾斜、帽帶和腰帶繫得鬆鬆，容貌傲慢，行動遲緩，輕佻而不穩重，沈默寡言，見識淺陋，驚慌失措，消沉沮喪，張目直視。在飲酒吃食，追逐聲色之中，顯得沉醉迷亂；在待人接物的禮節中，顯得臉色憎惡，極不耐煩；在從事勞動中，顯得厭惡怠慢、拈輕怕重，好逸惡勞而又不怕批評，沒有廉恥，寧願忍受污辱和責罵。

那歪戴著帽子，語言無味，學著大禹跛腳行路、學著舜低頭快走的，是子張氏一類低賤的人。那衣冠楚楚，顯得謙讓，整天不說話的，是子夏氏一類低賤的人。還有那懶惰成性，膽小怕事，沒有廉恥，貪圖吃喝，總是說，君子不必勞動的，是子游氏一類低賤的人。

教化

國家將要興盛，必定尊重老師和師傅；尊重老師和師傅，法令制度就得以推行。國家將要衰亡，必定看不起老師和師傅；看不起老師和師傅，人的性情就會放縱，人的性情放縱，法令制度就會受到破壞。

* * * * *

居住在楚國的人，就遵從楚國的風俗習慣。居住在越國的人，就遵從越國的風俗習慣。居住在中原地帶的人，就遵從中原地帶的風俗習慣。這不是天生本性所決定的，而是後天長期地積累磨練，才使他這樣的。

——荀子《大略》、《儒效》語譯

師者有兼才

為人師表必備的素質有五：
知識、儀表、履歷、口才、思維力。

子夏問孔子：「顏回為人怎麼樣？」
孔子說：「顏回的仁德比我強。」
又問：「子貢的為人怎麼樣？」
孔子說：「端木賜的口才比我強。」
又問：「子路的為人怎麼樣？」
孔子說：「仲由的勇敢比我強？」
又問：「子張為人怎麼樣？」
孔子說：「顓孫叔的矜莊比我強。」
子夏便離開座席而問道：「那麼這四個人為什麼來做您的學生呢？」

孔子說：「別激動，坐下來我告訴你：顏回雖然仁德卻不懂得通權達變，子貢雖有辯才卻不知收歛鋒芒，仲由雖勇敢卻不懂得畏怯，子張雖矜莊卻不懂得隨和。以他們四人的優點來和我交換，我也不會答應的。這就是他們拜我爲師的原因啊！」

荀子當了一輩子老師，深知個中三昧。

另外，荀子擬出了爲人師表必備的五項素質：

基本功　具備廣博的知識，可以當老師。

儀表　富於尊嚴，保持莊重，可以當老師。

履歷　經驗豐富，享有威信，可以當老師。

口才　誦讀清晰，解說有條不紊，可以當老師。

思維力　深知事理之精微，可以當老師。

以身作則

君主為臣民之師表。臣民附和君主，恰如影子依從身形一般。

居上位者不得不慎。

言教不如身教。

教師之於學生，上輩之於下輩，領導者之於被領導者，欲讓人不得如此，須得自己首先不得如此。

春秋時，齊桓公喜歡穿紫色衣服，舉國上下盡相效仿。於是，紫色衣料的價格猛漲，五匹素絹還敵不過一匹紫絹的價錢。

對此，桓公深感不安，對管仲說，「我喜歡穿紫衣，而紫衣甚貴。現在，舉國上下好之不已，怎麼辦呢？」

管仲說：「您要制止這種現象，不妨自己不穿紫衣。倘若臣民進獻紫色，您就說：『請拿開，我討厭這種顏色。』」

桓公照此辦理。果然，當天，朝中就無人穿紫衣；第二天，京城無人穿紫衣；第三天，全國無人穿紫衣。

一種觀點、一種思想、一種行爲，倘若要讓別人接受，首先得自己接受。

荀子說，君主是臣民的師表、臣民附和君主如同回響應和聲音，影子依從身體一樣。所以，作爲君主的不能不謹愼。

中庸之道

順境易處、逆境難容。

中庸之道是天下最廣大、最平常，卻也是最難做到的大道。

程子說，不偏叫做中，不變叫做庸。中，是天下的正路；庸，是天下不變的道理。

中庸之道是天下最廣大、最平常的，然而卻是最難做到的大道。世人容易激動不容易寧靜，容易偏執不容易公正，容易傲慢不容易隨和，容易主觀不容易客觀，順境易處，逆境難容，顯貴時，心花怒放，貧寒時，怨天尤人。

孔子是一個中庸大師，他不如顏回仁德，但可以教他通權達變；他不及子貢有辯才，但可以教他收斂鋒芒；他不如子路勇敢，但可以教他畏懼；他不及子張矜莊，但可以教他隨和。孔子具備了他們各人的長處又避免了他們的短處，他之勝於人，就在中庸之道。

荀子也深知中庸之道，他說，對血氣方剛的人，就使他平心靜氣；對勇敢凶暴的人，就使他循規蹈矩；對心胸狹隘的人，就擴大他的胸襟；對思想卑下的人，就激發他高昂的意志。他左之，則右之，他上之，則下之，總之，一切以中和為尺度。

這樣，你就能不急不躁，不偏不倚；不左不右，不上不下，進退自如，出入自然，坦坦蕩蕩，大大方方，瀟灑自如，游刃有餘。這樣，你的人生就達到了化境，不論在何時、不論在何地，你都擁有一個和諧的人生。

假如你尚須依賴節制來實行中庸之道，那說明你尚未真正進入中庸之道。當你毫無怨尤、痛苦、感覺地迎接人生，你才真正進入了中庸之道。

積累與發展

積土成山，風雨就在這裡興起；積水成淵，蛟龍就在這裡生長；積善成德，就自然聰明睿智，具備了聖人的思想境界。

＊　＊　＊　＊　＊

積累細小的事情，就效果而言，每月積累不如每日積累。每季積累不如每月積累，每年積累不如每季積累。凡是一個輕視小事的人，當大事來臨之後，才開始去努力實行，這樣，就常常不如那些努力去治理小事的人，這是什麼原因呢？因為小事來臨頻繁，辦事所花的日子也多，積累起來數量也大，大事來臨稀少，辦事所花的日子也少，積累起來數量也小。

——荀子《勸學》、《強國》語譯

在變化中求發展

人是不斷變化發展的。
做人不是一揮而就，而是經過漫長艱苦的磨鍊。

人是不斷變化的，發展的，只要人的生命還沒有終結，就不能給他蓋棺論定，他可能成爲這樣的人，也可能成爲那樣的人。

人被從不同的角度、不同的層次規定著。社會的規定：政治家或老百姓、道德倫理的規定：高尚的人或卑鄙的人、智力的規定：聰明人或糊塗蟲、職業的規定：工程師或搬運工、審美的規定：美人或醜人、財富的規定：富翁或貧漢、性格的規定：英雄或懦夫……等等；這每一種角色一不是天生地就的，二不是立馬可得的；三不是一成不變的。

明白了這些，你該知道你想做什麼，能夠做什麼，以及你做了什麼，最後才是你成爲了什麼？

誰也不敢斷定自己一定會成爲一個什麼樣的人，也無法左右自己一定會成爲一個什麼樣的人。他必須去做一個政治家或企業家，然後他才能成爲一個政治家或企業家。

世上有舉手之勞之事，有唾手可得之事，有一勞永逸之事，但這並不能幫助你成爲一個什麼樣的人。做人可不是一揮而就的，而要經過漫長的勞作、艱苦的磨鍊、無休止的審判。

當你做了你能做和該作的事情之後，你能否如願以償，就看你的運氣了。

從小事做起

任何人都會與一件又一件的小事發生關係，而小事是人一生最基本的內容。

人的一生由許許多多的事件組成，有的事件使一個人變成了大人物，有的事情使一個人變成小人物。大人物總是跟大事件關聯在一起，小人物總是跟小事件關聯在一起，有的人一輩子也不一定會做一件大事。但無論大人物還是小人物都會與一件又一件小事發生關係。所以小事情是人一生最基本的內容。

大事件是可遇而不可求的，小事情則是每天都會發生的。順利，妥貼而又快樂地去處理一件小事是容易的，但天天都能順利、妥貼而又快樂地去處理一件小事卻是十分困難的。如果一輩子都能這樣無怨地，耐心地，謹愼地，愉快地去處理一件又一件小事，那恐怕比做一件大事還要難得多。

大事能檢驗一個人的智慧、才能和品格，小事也能檢驗一個人的智慧、才能和品格。如果每一件小事都能做得漂亮、舒心，令人慰貼，那你也能得到極大的快樂和對自我的肯定。最怕的是這種人：小事不想做，大事做不了。

荀子說，小事雖然微不足道，但不做也是不能成功的；那種常常閒得無事的人，他的成就肯定不會超過常人多遠。荀子還這樣說，忽視小事，專做大事的人，他的成就往往不如做小事的人。這是什麼原因呢？因爲小事來得頻繁，辦事所花的日子也多，積累起來數量也就大；而大事來得稀少，積累起來數量也就小。

積累，一件又一件小事地去積累，有一天，你會驚訝地發現自己是一個多麼了不起的人。比如雷鋒，他並沒做驚天動地的大事，但他珍惜每一件小事，把每件小事都當做一個新的出發點，傾注全部的生命和愛情，誰又能懷疑他的偉大呢？

其實，偉大也是很平凡的。

每年積累不如每季積累，每季積累不如每月積累，每月積累不如每天積累。這是荀子對人的提醒。

一天不是一年

栽什麼樹苗，結什麼果，撒什麼種子，開什麼花。

習慣是最自然、最隱秘、最深刻的積累，因之，何妨在習慣中塑造自己。

一天不能構成一週，一周不能構成一月，一月不能構成一年。一件事情會影響一個人，幾件事情會改變一個人，無數事情會決定一個人。

從搬運工到哲學家，從奴隸到將軍，從凡人到聖人，這不是一天一月一年就可以達到的，而必須經過長期追求，長期積累，長期磨鍊才能夠達到，也許一個窮人會因某種機遇一夜之間成爲富翁，但一個搬運工成爲一個哲學家，一個凡人成爲一個聖人，決不是某個機遇的緣故。

荀子說，一個凡人，積累善行到了盡善盡美的程度，就叫聖人。不斷追求才有不斷的進步，不斷的實行才有不斷的成就，不斷地積累才有不斷地提高。所謂聖人，就是凡人日復一日積累高貴的品德而成的。

栽什麼樹苗，結什麼果，撒什麼種籽，開什麼花。人積累耕耘的經驗就成爲農夫，積累砍削的經驗就成爲工匠，積累販賣貨物的本領就成爲商人，積累禮儀的習慣就成爲君子。

習慣對人具有不可低估的影響，因爲習慣最穩定，最恆久。朝夕相處，耳濡目染，原來是這麼一個人，不知不覺就變成了另外一個人。居住在楚國的人，遵從的是楚國的習慣，於是他就變成了一個楚國人。居住在越國的人，遵從的是越國的習慣，於是他就成了越國人。習慣是最自然、最隱秘、最深刻的積累。那麼你就應該注重在習慣中塑造自己。

這既是艱苦的，又是快樂的。

相信自己

相信自己、依靠自己，只有自己才是自己的主宰。

列子說：「生命不是看重它就能夠長久，身體也不是愛惜它就能夠壯實；生命不是輕賤它就能夠夭折，身體也不是賤視它就會孱弱。」

這就是天命。你相信嗎？如果你相信了，那你無能爲力的事情卻做不了，你力所能及的事情卻沒有做。

你可以不相信天，不相信地，不相信偉人或名人，但你不能不相信自己。天不能改變你，地不能改變你，偉人或名人也不能改變你，但你卻可以改變自己。

相信自己，依靠自己，開掘自己，發揮自己，唯有你自己才能主宰自己。

你的事情別人可以幫你去做，但生命是不可替代的，而你的品格、修養、爲人也是不可替代。你的路必須你自己去走，你的人生必須由你自己去完成。

名譽、地位、財富可以得而復失、失而復得，唯有品格會長久地伴隨著你。無論有意或無意，眞誠或虛僞，心存魏闕或淡泊功名，你的品格都將毫無遺餘地顯現出來。

你可以欺騙他人於久遠，但你不可欺騙自己於須臾。

秋草，野火燒不盡；流水，一去不復回。人生難再，生命不可重複。生命只有一次，所以，機會也常是過了這一村就沒有這一店。

愛惜自己，磨鍊自己，完善自己，相信自己，有所爲，不虛此生！

學而不已

學而後知

認為學的意義，從做一個讀書人開始，到成為聖人終結。只有真心誠意，日積月累，力行而能持久，才能夠入門而有成就。學習是要堅持到死方能停止的。所以，學習的程序有終點，若從學習的意義上說，就一刻也不能停止。

＊　＊　＊　＊　＊

古時候的學者，學習是為了自己進德修業；當今的學者，學習卻是為了向人炫耀。君子的學習，是用來完美自己的身心；小人的學習，是用來加強自己的獸行。

＊　＊　＊　＊　＊

君子的學習，要把學到的聽入耳中，記在心中，融會貫通到整個身心，表現在一舉一動上面，即使是極細小的言行，都可以作為別人效法的榜樣。

——荀子《勸學》語譯

學而不倦

人可能因為貧窮而無知，但決不會因知識淵博而貧窮。

人不學習，就只是一個自然狀態的人，他不能深切理解自己的品德和才能，他憑著本能和習慣在發展，至多憑著經驗在發展，他的智慧和潛能超越不了經驗界線，他基本上處於一種自生自滅的狀態。一個不理解自己的人，就不會理解他人，不理解他人也就不理解社會，不理解社會也就不知道去生活。

書中自有黃金屋，書中自有顏如玉。這話的境界不高，但並沒有錯；至少它說出了部分事實：知識可以化成財富，可以贏得芳心。如果說得漂亮一些，知識就是力量。知識可以武裝人、充實人、提高人、豐富人。爲了獲取知識，中國古代留下了多少故事與傳說。

孔子說：「只有十戶人家的小地方，一定會有像我這樣忠信的人，只是沒有像我這樣好學的人。」

漢代匡衡，酷愛讀書，但家境貧寒，晚上無燭，便在牆壁上鑿一小孔，藉著鄰居的燭光而讀書。

漢代孫敬，刻苦好學，朝夕不已。讀書慾睡，便以繩一頭繫頭髮，一頭懸於屋樑，頭垂而髮牽，以痛疼驅逐睡意。

晉人孫康，性敏好學，家貧無錢買油點燈。爲讀書，孫康不顧嚴寒，於冬日月夜，映著雪光刻苦學習，時人傳爲美談。

南朝人劉綺，早孤家貧，買不起燈燭。爲能夜讀，買價格便宜的荻柴，折斷成桿，晚上點荻桿，就火苦讀，終於成爲一個很有才華的人。

現代人，讀書的條件比古人好得多，但刻苦的程度卻差得遠。電影、電視、卡拉OK，遊戲機比書籍更吸引人。甚至，在經濟面前，人們懷疑起知識的價值，他們看到讀書不多或知識淺薄的人比知識淵博的人賺到多得多的錢。但這並不是知識本身所帶來的過錯。在荀子那個時代，人可能因爲貧窮而無知，但決不會因爲知識淵博而貧窮。認識到這一點，你就會更沉穩、更有耐心，目光也更遠大。

從書本中學習

你必須建立與工作相應的知識結構，方能得心應手地從事你喜愛的工作。

劉向說，「書猶藥也，善讀之可醫愚也。」一個時代有一個時代的書籍、一個時代有一個時代的愚昧。

在戰國末期，《詩》、《書》、《禮》、《樂》是那個時代的經典，《尚書》記載了先古的故事，《樂經》記載了諧和音律，《禮經》記載了法律總則、禮節儀式，《詩經》知識廣博，《春秋》微言大義，這些書把天地間的各種事理錄載得十分完備了。所以，醫治那個時代的蒙昧、塑造那個時代的人傑，這些書是非看不可的。

在現代社會，即使通讀了這些書都不夠，都適應不了現代社會。現代社會有其自身的發展道路，現實環境和客觀要求，你必須適應它，否則就會被淘汰。也許你想成爲一個政治家，哲學家，科學家，不！這些職業似乎都是另一個時代英雄般的夢想，也許你想更現實一些，你想成爲一個律師、經理、金融家、經紀人，總之，是一些既體面又有較高經濟收入的職業，這無可厚非。問題是你必須讀書，也許你可以割斷自己和某一本書或某一類書的聯繫，但你無法割斷自己和所有書的聯繫。

人的生命是有限的，而知識是無限的，知識在爆炸，知識在以人想像不到的速度迅猛發展。分工愈來愈精細，專門家愈來愈多，百科全書似的人物千呼萬喚不出來。因此，你必須作出選擇。

況且，任何職業都有專門的特點和知識要求，你必須建立與之相適應的知識結構，才能得心應手地從事你喜愛的工作。可以說，什麼樣的知識結構決定一個人成爲什麼樣的人。因此，你應把自己的心理、氣質、興趣和社會發展聯繫起來，調整、拓展和完善自己的知識結構，才能站穩腳跟，壯大事業。

近朱者赤　近墨者黑

盡可能接近優秀、傑出的人，方能更深切的理解他們的成就、與自己的貧乏之處。

居必擇鄉，遊必近士。接觸什麼樣的人就會成爲什麼樣的人，這裡面有一種神祕的交流和影響。

孟子的母親見識可不淺，爲教育孟子，她曾三次搬家。先前，她們住在郊外靠近墓地的山邊，孟子整天看到的是奔喪的人。於是，她們搬到街市，孟子整天看到的是殺豬的人。最後，他們搬到一所學校附近，孟子整天聽到的是讀書聲。不能說三次搬家就可以塑造成一個孟子，但孟子所受到的影響是無疑的，尤其是對一個孩子。

一個優秀的人、傑出的人、偉大的人，他們並不是生下來就優秀、傑出或偉大的。孔子就說：「我並非生下來就什麼都知道，我的知識是我喜好讀書，勤奮鑽研才得來的。」但一般人只是看到他們學習的結果，並不了解他們的學習過程。其實，理解和掌握一種知識，沒有比了解一種知識的發生和形成更具效果的了。

既然知識是人所創造出來的，那麼你就可以從人的活動中去理解知識，追蹤聖人或偉人對知識的選擇、接受、摸索和成功的軌跡。這樣一來，死的知識就成了活的運動形態，你甚至嗅到了知識的芳香；如果你還能探求到聖人的舉止、言談、性格、氣質與知識隱秘而又微妙的內在關聯，那你就達到了出神入化的境地了。

所以盡可能地去接近優秀的人或傑出的人，才能更深切地理解他們的成就，才能更透徹地了解自己的貧乏。所以，接近成功者，不能簡單地視爲一種屈侮和迎奉。

宋代福建有兩個人，一個叫游酢，一個叫楊時，他們一同去拜訪大學者程頤。剛好程頤正在休息，游酢、楊時不願打擾先生，就恭立在門外，靜心等待程頤醒來。那時，天正下雪，他們仍然恭立在門外。過了許久，程頤才出來，發現他們仍然恭立在門外，雪已深達一尺。

盡可能地去接近那些傑出的人，去和他們握手、交談，去傾聽他們的聲音，去感受他們的目光，你將獲得書本中所沒有的無形的影響與熏陶。

親近自然

荀子以為：

不登高山，不知天之高也；不臨深溪，不知地之厚也。

世事洞明皆學問。

善於讀書的人，世間一切都是書：山水是書、魚蟲是書，花月也是書。一般人只會讀有字之書，卻看不見世上這些無字之書；一般人只聽見琴弦之聲，卻聽不見天地瀰漫著無弦之聲。

唐代大畫家韓幹，天寶間被召入宮中充任供奉。當時朝中有位畫師叫陳閎，以善畫馬知名，於是，唐明皇命韓幹師學陳閎畫馬。一天，唐明皇見到韓幹所畫之馬，覺得駿逸飄灑，四蹄生風，與老師陳閎畫風不同，十分詫異，問其原因。韓幹奏道：「我自然有老師，陛下馬廄裡的馬，都是我的老師。」原來，韓幹重視寫生，常久駐足馬廄觀察馬的習性動靜，所以他畫的馬達到了極其高妙傳神的境界。

唐代還有一書法家，名叫張旭，擅長草書，大凡喜怒、哀樂、窮窘、憂愁、怨恨、思慕、娛樂、酣醉、無聊等不平之情，必在草書中抒發出來。他靜觀世間萬物，默察人間萬象，凡山水崖谷、鳥獸蟲魚、草木花實、日月列星、風雨雷電、天地萬物的變故，凡能喚起高興、驚異之情，都一一寄寓在書法之中。所以，張旭的草書，變化萬千，如鬼斧神工，不著痕跡。他以此終其一生而名垂後世。

荀子說，不登高山，不知天之高；不臨深溪，不知地之厚。敞開心靈，用耳朵去觀察，用眼睛去傾聽，人就會發現大千世界，萬事萬物，風雲變幻，神出鬼沒、充滿喧嘩與騷動。所謂一花一世界，一葉一如來。

學至於行

不聽不如聽，聽不如見，見不如知，知不如行，學習到了實行這一步就達到頂峰了。實行了就能明白事理，明白了就是聖人。聖人，把仁義視為根本，是非準確，言行一致，絲毫不差，在這裡沒有其他的道，其止境在於實行。所以聽到了不如親眼看見，即使表面上廣博也一定會出現錯誤；看見了而不懂得，即使能記住也一定會出現假象；懂得了而不去實行，即使內容充實豐厚也一定會困窘的。

——荀子《儒效》語譯

學以致用

學習知識是一回事，使用知識是另一回事。
讀書是學習、使用亦是學習

讀書是學習，使用也是學習，而且，是更重要的學習。這是一位現代偉人說的。

學習到了實行的階段，也就登峰造極了。這是荀子在遙遠的世紀說的一句話。

君子學習，聽在耳裡，記在心中，表現在行爲舉止上，他輕聲地言語，小心地行動，一言一行都可以用來作爲別人的楷模。而小人的學習，從耳朵聽進去，馬上又從嘴巴裡講出來，耳朵和嘴巴之間的距離只有短短的四寸罷了，這怎麼可能達到整個身心的完美呢？

古代有個著名的吝嗇鬼，名叫王戎。王戎非常有錢，但吝嗇無比。一次，他侄兒結婚，他只送了一件單衣。過了不久，他又把這件衣服要了回來。還有一次，他女兒出嫁，他借了幾萬錢給女兒。女兒每次回來，王戎便沒有好臉色。直到女兒把錢還了，王戎才高興起來。王戎這個守財奴，只知道積累錢財的樂趣，不知道享受錢財的樂趣。他是錢財的主人，反而被錢財所支配，淪爲錢財的奴隸，這不是可笑而又可悲的事情嗎？

王戎是錢財的奴隸，有些人卻是知識的如隸，他們博覽群書，學富五車，論經一環一套，講道一板一眼，可是，一到實戰中，就四處碰壁，頭破血流。

伯樂以相馬聞名於世，他根據自己切身經驗，寫了一本《相馬經》。他兒子看過此書，樂不可支，以爲自己也會相馬了。於是，出門尋馬，結果他相回來的是一隻大蛤蟆。伯樂哭笑不得，問他怎麼相的。他兒子說：「你的《相馬經》不是說，駿馬的特徵是『隆口，蹄如累鞠』嗎？」

戰國時，趙國青年趙括從小就學習兵法，論戰略、說戰術，口齒敏捷，思路清晰，以爲天下無人可比。一次，他與父親，當時的名將趙奢談論佈設軍陣之道，趙奢層層逼近，趙括步步設防，始終未被難倒。但趙奢仍以爲他只懂得紙上談兵，眞正帶兵打仗，必致慘敗。後來，趙孝成王命趙括代老將軍廉頗抵禦秦兵，趙母上書趙王，奏明其子不宜爲將，趙王不聽勸阻，任用趙括。結果，秦趙苦戰四十餘天，趙括被射死，趙兵數十萬人潰敗投降，在長平被秦兵活埋。

所以，學習知識是一回事，使用知識是另一回事。無論伯樂之子，還是趙奢之子，他們都不是因爲無知才失敗的，而是因爲不會使用知識才失敗的。

實踐出眞知

荀子說：「行之，明也。」

意即，人的知識與能力唯有在實行中方能眞正表現，也唯有在實行中方能了解眞理。

擁有一定的知識並非難事，只需勤奮和刻苦；倘若擁有眞正於人生有益的知識，便不那麼容易了。你必須把你學到的知識與現實的活動結合起來，使知識在現實的活動中得到檢驗、淘汰、補充和完善。否則，即使再勤奮再刻苦，那你獲得的只不過是一些似是而非的，大而無當的或可有可無的東西。除了炫耀博學，又能有什麼用呢？

荀子說：「認識了道，不僅能明察，而且還能實行，這才是眞正體會了道。」這就是說，對事物的認識和掌握，不能僅僅停留在思想認識上、更重要的在於去實行，並在實行中更深刻地體會事物所隱藏的道理。荀子還講：「行之，明也。」也就是說，人的知識和能力只有在實行中才能眞正表現出來，也只有在實行中才能眞正弄懂事物的道理。

唐代畫家戴嵩，以善畫牛著名，與韓幹畫馬並稱「韓馬戴牛」，即使如此，由於他觀察不細緻，也不免有疏忽的地方。蜀中有位姓杜的隱士，好書畫，收藏有許多珍品。他特別喜愛戴嵩一幅《牛》圖，錦囊玉軸，隨身攜帶，不時品玩。一天，隱士將收藏品拿出來晾曬，一牧童見到這幅《牛》畫，不覺撫掌大笑。隱士問其原因，牧童答道：「此畫爲鬥牛，牛鬥時力在角、尾搐入兩股之間；而這牛竟翹尾而鬥，太錯了。」隱士聽罷覺得有理，也跟著笑了。

我們的很多經驗、知識都是似是而非的，只有納入現實中去接受檢驗，才能得到眞知灼見。否則，就會如戴嵩一樣，不說貽笑大方，也該貽笑牧童了。

學習，學習，再學習，實踐，實踐，再實踐，荀子當然高興有人如是說。

行難知也難

荀子認為，

行難，知亦難，有符合事實才可算知。

春秋戰國時流行一句成語：「知之非艱、行之惟艱」，意思是說，認識並不難，難在付諸行動。

魯昭公十年，晉平公死了，各諸侯國都按照禮節，派了大夫一級的使臣前往晉國弔唁。

鄭國大夫子皮準備帶錢前往，子產告誡他說，「弔唁，何必帶錢呢？帶錢必須派一百輛車，相應也要派上千的人。這麼多人去了，也辦不成事，辦不成事，錢也會花光。這麼多人花這麼多錢國家豈有不亡之理？」

子皮不聽，仍帶錢前往。等喪葬完畢，各國大夫想見新君，但被婉言拒絕，因爲新君正在哀痛之中，接見各國使臣，應以嘉服相見，但喪禮未畢，如仍以喪服相見，那就是再次接受憑弔。各國大夫都沒有理由去見昭公。

子皮感慨地說：「認識一件事情並不難，難的是把它付諸行動啊！」

荀子認爲行難，知也難，他說，不論是說出口的認識，還是沒有說出口的認識，只有符合事實才可算知，認識到了這一步，也不那麼容易。

孫中山在總結辛亥革命的經驗教訓時，曾沈痛地指出：「我奔走國事三十多年……我黨同志，對革命宗旨，革命方略也難免有信仰不篤、奉行不力的毛病。之所以這樣，並非盡因功成利達而移心，實多以思想錯誤而懈志。這個思想錯誤就是『知之非艱，行之爲艱』。此說由來幾千年，深中國人之心，已經牢不可破。所以我的建設計劃，一一都爲此說所打消。嗚呼！此說是我生平最大的敵人啊！其威力當萬倍於滿清。滿清的威力，不過只能扼殺同志的身體，而不能摧殘我同志的意志。而此敵之威力，不僅能摧殘我同志的意志，而且也足以迷惑億萬人之心啊！可畏哉此敵！可恨哉此敵！」

學有捷徑

假如普通人把實行仁義法制作為學習內容，專心一意，認真思考，仔細審察，長此以往，一天天地增進，積累善行而不停止，那麼就能達到神明的境界了。

只要半步半步不停地前進，就是跛了腳的甲魚，也能行走千里；只要不停地堆土，終究也要堆成一座山，把水源堵住了，又打開溝渠讓水流出，即使是深廣的長江，黃河，也可能枯竭。

見到好事，立即去做，遇到疑難，立即去問，不等過夜。

對於天下的各種事物不能融會貫通，就不能稱做善於學習。

——荀子《性惡》、《修身》、《大略》、《勸學》語譯

專心致志

一日曝之，十日寒之，將導致學無所獲。

荀子說：「一個人沒有精誠專一的志向，就不可能通達事理，沒有埋頭苦幹的行為，便不可能有顯赫的成績。」在歧路上徘徊的人，不能夠達到目的地。眼睛不能同時看清兩件東西，耳朵不能同時聽清兩種聲音。這都是心思不專一的緣故啊！

專心致志，就是全身心地投入，將所有其他所寄所思所慾完全摒棄，而將所學所思所寄充分凝聚，方能有所成就。三天打魚，兩天晒網，一日曝之，十日寒之，朝三暮四，四面出擊，都將導致一知半解，學少收穫。應該堅信這一點：有所不學方能有所學。

下棋應算一門小技藝，但不專心致志地去學，也不會有所收益。奕秋，是天下最會下棋的人，讓奕秋同時教二人下棋，其中一人專心致志，全心全意地傾聽弈秋講棋理；另一個人雖然也在聽，但他一心以爲天上將有鴻鵠飛來，想拿弓箭去射。他們雖然一起學習，但結果卻大不一樣。其實，他們的智力並無多大差異，只是一個人專心致志，另一個人心不在焉。

所以，學習是要有點精神的，想有所成就，就要竭盡全力，就要鑽、沈、潛，乃至痴、迷。

元順帝天順年間，有一名進士叫陳音，傾心經術，不問世事，終於學有所成。他專心致志的故事，仍流傳至今：

一天，陳音整理書籍，發現一張宴帖，就如期赴宴。到朋友家，久坐不走，朋友問他什麼事，陳音說，前來赴宴。那朋友莫名其妙，又不便詳問，只得備酒款待。事後，那朋友才想起，去年的今天曾宴請過他。

還有一次，陳音朝罷回來，途中說要拜訪一同僚。待從沒有聽清，仍牽馬回家，陳音以爲到了同僚的家。步入客廳，環顧四周，陳音說：「格局與我家相同。」又看見壁畫，頓生疑竇：「我家之畫怎樣掛在這裡？」恰好家童出來，陳音呵斥道：「你怎麼在這裡？」家童回答：「這本是你的家嘛！」陳音這才恍然大悟。

鍥而不捨

荀子勸學篇：

「鍥而捨之，朽木不折；鍥而不捨，金石可鏤。」

逆水行舟，不進則退。學習的過程是一個不斷積累的過程。路是一步一步地走出來的，半步半步地連接起來，就可以到達遙遠的地方。如果一時前進，一時後退，一時向左，一時向右，即使快馬加鞭，也不能達到目的。人的才能，性格高下雖有懸殊，但也比不上跛腳甲魚和六匹良馬那樣懸殊。但跛腳甲魚能夠達到目的，千里馬沒有達到目的，這沒有別的原因，只是有的在做，有的不做罷了。道途即使很近，但不走是不能達到目的的。

下定決心做一件事是容易的，但能夠做完一件事就不那麼容易了。有的人，頭腦熱一些，沒有估計到困難，困難一出現，就退縮了；有的人，頭腦冷靜一點，估計到了困難，可沒有估計到困難有那麼大，也退縮了。眼看就要成功了，一步之遙，一紙之隔，可就是挺不住了，結果，前功盡棄。

孟子說，一個人的作為就像挖井一樣，挖呀挖，沒水；再挖呀挖，還是沒水。眼看就要見到水了，他卻停了下來，再也不敢挖了。這不是井拋棄了他，而是他拋棄了井。不是他的力量不夠，而是他的意志不堅定啊！

北山有個老人，名叫愚公，家門被太行和王屋兩座大山擋住了，進進出出很不方便。於是他召集全家計議道：「我和你們盡力打通險道，使道路通達河南，直到漢水之北，行麼？」全家大小異口同聲說行。他老伴認為有困難，說：「憑你的力量，連一個小小的土堆的也挖不動，對付兩座大山，行嗎？而且挖出這麼多這麼大的石頭又放到哪裡去呢？」好多人說：「丟到渤海尾部，隱士的北邊。」

於是愚公帶領兒孫敲山碎石，挖土取壤，再運到渤海盡頭。河灣一個聰明的老頭笑勸他們：「哎呀！你們太不聰明了！以將死的年歲，微薄的力量，連山的一根毫毛都動不掉，又怎麼能對付挖出的土塊石頭呢？」愚公說：「你太頑固，頑固得不通情理。即使我死了，有兒子在，兒子又生孫子，孫子又生兒子，子子孫孫，無窮無盡。山不再增高，豈有挖不平之理？」河灣老頭無言以對。

山神聽了，眞怕他挖山不止，報告天帝。天帝爲他的誠心決毅所感動，命令夸蛾氏的兩個兒子背走了這兩座山。

所以，掘井也好，挖山也罷，不但要有動機，而且還要有毅力，這樣才能挖成井，搬開山。學習也許比挖井難，但比挖掉兩座山容易。愚公連挖掉兩座山的毅力都有，學習還有什麼難的呢？

趁熱打鐵

子曰：「學而時習之，不舍晝夜。」

荀子則說：「吾嘗終日而思也，不如須臾之所學。」

坐有坐相，站有站相，就是說一個人態度應端正。現代人似乎沒那麼多講究了，斜著歪著，但求舒服。

如果是學習，就必須有一個謙遜好學的態度。荀子說，來學習的人恭敬有禮，才可以同他談論道義的方法；他言辭和順，才可以給他講解道義的原理；他樂意聽從，才可以進一步同他談論道義的精深含義。這禮恭、辭順、色從，切莫以爲這僅僅是對師長的態度，這應看作是讀書人對待學習的態度。良好的學習態度是成功的開始。

荀子說，君子學習，就像生物蛻變那樣，不斷迅速變化著。所以，他走路時學習，站著時學習，坐著時也學習，不管別人臉色怎樣，說話的口氣怎樣，他都注意學習。

學習愈多，困惑自然也就愈多，有了困惑就應當立即解決，荀子有一絕招，就是決不讓問題過夜。我們時常有這樣的體會，這個字不認識，心想，明天再查字典明天又碰到這個字，還是明天再查字典。結果，明天何其多，萬事成蹉跎。所以，碰到問題，馬上請教，馬上請教，印象就深，收穫也更多。而且，知識與知識之間是有聯繫的，這個問題解決了，也有助於另一個問題的解決。

時時留心，處處請教，向書請教，即使這本書言辭偏激；向人請教，即使這人知之甚微；向物請教，即使這物奇形怪狀。如果是這樣博采衆長、兼收並蓄，日積月累，必將百尺竿頭，更進一步。

舉一反三

把死書讀活，不拘泥於文字；

放得開、收得攏，萬變不離其宗。

人是活的，書是死的。活人讀死書，死人讀活書。

談一本書，必須完全投入，又切忌鑽牛角尖，不能跳出來。應與書保持一定距離：既在讀書，又不完全在讀書，既接受了一本書中有益的東西，又捨棄了書中無益的東西；思想既被一本書啓開，又不完全限定在一本書的範圍，頗有點心存魏闕、志在山林的意思。有的人讀著讀著就忘記了一切，隨著書在翻騰起伏，他不明白他在讀書，他不明白他的思維有一部分不應在書中。

讀書就該舉一反三，融會貫通，由此及彼，觸類旁通，這樣才能學有所獲，讀有所益。荀子說，從近前的事可以知道遙遠的事，從一件事可以知道千千萬萬件事，從小可以知道大，從暗知道明。善於讀書的人能以自己的經驗去推想遠古的事情，他能以人的共性去度量每個人的個性，以人共有的情感去把握每一個人的情感，以同類的事物去探求每一個不同的事物。

孔子說，他有三種人是不教的：一種，沒到了因求知而煩懣的，我不會去啓發他；二種，沒到了因求知而悵恨的，我不會去開導他；三種，如果舉出一個角給他，他不能聯想到其他三個角，就不再教導他了。

這就要求我們把死書讀活，不要拘泥於字句，放得開，又收得攏，萬變不離其宗。

三國時魏有個叫管輅的人，精通《易經》，一天，何晏向他請教《易》中有關「陽爻」的問題，得到滿意解釋之後，何晏心悅誠服地讚嘆：「君論陰陽，舉世無雙。」當時，鄧颺正在座，便問管輅：「人說你善解《易經》，可你剛才所言，卻又沒有一句談論《易經》的爻辭，這是什麼原因呢？」管輅應聲答道：「真正懂得《易經》的人，絕不就死扳爻辭以說明而論《易經》。」相反，只取精神，說人事，這才是眞正的知《易經》精神，用《易經》之玄妙。

名副其實

不同的人各有不同的想法，都要相互曉喻，不同的事物，名實不同又相互混雜在一起，就會使貴與賤分不清，同與異無法區別。如果這樣，那麼思想一定會有互不了解的弊病，事情一定會有做不成的禍害。所以明智的人對這些加以分別，制定各種名稱來表達各種實際事物，一方面用來分清貴賤，另一方面用來辨別同異。貴賤分清了，同異區別了，如果這樣，思想意志就不會有互不了解的弊病了，事情也沒有做不成的禍害，這就是事物為什麼要有個名稱的原因。

——荀子《正名》語譯

正名

刑罰與刑責相稱，國家就會安定；
刑罰與罪責不相稱，國家就會混亂。

正名，就是要使名稱與事實相符合，也就是名副其實。當時，百家爭鳴，辯詰之風盛行，諸子注重言辭華麗，不務其實。荀子描述道：現在，聖王死了，遵守統一名稱的事情懈怠了，奇談怪論紛紛出現了，名與實關係混亂，是非界限模糊，即使是遵守法令的官吏、誦讀典章的儒生，也都被搞亂了。

不同的人有不同的想法，不同的人使用不同的名與實，這樣，好壞無法區分，貴賤無法分辨，同異無法區別，人們的思想就無法溝通，事情就難以辨得成。

有人說，君主治國，以隱瞞眞情，不讓下面的人知道爲好。荀子說，這不對！君主是人民的領導者，也是臣民的榜樣，君主隱蔽眞情，臣民就迷惑不解。

君主陰險深沈，臣民就欺詐作僞，君主偏私不公，臣民就相互勾結，結黨營私。疑惑不解的人就難以統一，欺詐作僞的人就難以指揮，互相勾結，結黨營私，民情就難以了解。所以，君主治國之道以明白爲好，不宜於幽暗不明；以公開爲好，不宜於隱蔽眞相與眞情。

如果品德與地位不相稱，才能與官位不相稱，獎賞與功勞不相稱，刑罰與罪責不相稱，就不能折服衆人，這是最大的不吉利。

比如，一個人犯了罪，就應判他的刑。

俗話說，殺人者償命，傷人者服刑。如果罪大惡極卻判刑很輕，那一般人就沒有罪惡的概念了，禍亂就會蜂起。當然，也並不是說爲了顯示威嚴，將不該判的判了，不該殺的殺了。該殺的不殺，是不公正，不該殺的殺了，也是不公正。所以，荀子說，刑罰與罪責相稱，國家就安定；刑罰與罪責不相稱，國家就會混亂。

文質

文，就是文釆，質，就是事實。

孔子重文，老莊重質，荀子倡導文質相稱。

文質相稱，就是言辭與事實相符合。

注重文釆，就必然注重修飾，有些人爲了達到某種效果，誇大其辭，言過其實；注重事實，就必然反對虛假，有些人爲了充分反映眞實，往往忽視表達，輕視方法。

在這個世界上，誰沒有說過假話？誰又完全在說假話？誰沒有爲說假話而感到羞愧？假話之所以存在，是因爲有時假話比眞話更具效果。於是假話成了一種策略，爲了生存，假話比眞話更流行。

然而，誰也不希望自己被欺騙，誰都希望獲得的是眞實的東西。可見，人還是喜歡眞實的。然而眞實，有時是一種令人難堪的東西，彷彿一把鋒利的劍，劃開暗夜，露出光明。有時，爲了維護一種眞實，人必須付出沈重的代價。司馬遷之所以被處以宮刑，不就是爲了陳述一種眞實嗎?這不是眞實本身的過錯，而是表達的時候不當，也就是說，不是什麼時間，什麼地點，什麼方式都可以表達眞實的。

這樣，文質相稱就不能不說是一種難能可貴的藝術了。既文采飛揚，又切合實際，既令人舒心，又令人誠服，既講究修辭，又達到目的，既能被感染，又能被接受。所以這一切體現出表達者的智慧與品德，修養與情操，華彩與樸實的完美的和諧，這是一種多麼難得的境界啊!

正直

是則爲是，非則爲非，是謂正直。

正確就說正確，錯誤就說錯誤，叫做正直。

天下之事，紛紛擾擾，事事交織，事事糾纏。也許人在這件事上可以正直，可在另外一件事上不能正直。不是人不明白事理，而是人不能明白事理，不是人不正直，而是人不得正直。就這樣，世界變的複雜了。

人佩服人的正直，理解人的不正直，佩服是因爲自己不敢正直，理解是因爲自己不能正直。在沒有英雄的年代裡，沈默成了最大的智慧。

秦始皇死後，丞相趙高想獨攬大權，又擔心臣僚不服，於是計劃檢驗檢驗。趙高牽著一頭鹿獻與皇帝秦二世，說是馬。二世笑道：「丞相錯了，把鹿當成了馬。」於是問左右大臣。有的人說是馬，有的人說是鹿，有的人乾脆沈默不語。

結果，說是鹿的人自然受到陷害，說是馬的人自然受到信任，沈默不語的人就成了既可信任又可陷害的人。

說一頭鹿是一頭鹿，世上還有比這更容易的事嗎？但同時你得承認世上沒有比這更難的了。鄭板橋嘆道：聰明難，糊塗難。

能夠聰明不得聰明，難！不能糊塗必須糊塗，難！

篤誠

對誠實的人誠實，可以寬慰人；對不誠實的人誠實，卻可以改變人。

荀子說，即使是普通的談吐也一定要誠實可信，即使是普通的行動也一定要謹慎小心，不敢效法流行的習俗，不敢自以爲是，像這樣就可以叫做誠實之士了。

誠實是對別人而言的，也就是說誠實是有對象性的，自己對自己是透明的，無所謂誠實與不誠實，就像含蓄一樣，含蓄是一種對象化的裝飾風格，當一個人愈是在乎另一個人，就愈是含蓄的淋漓盡致；當一個人面對自己或最體己的人時，他是用不著含蓄的。

誠實就是徹底地面對他人，卸掉所有的僞裝或技巧，把自己像一朵花那樣打開，自然、樸實、親切。誠實的力量是一種敞開的力量。

但在現實生活中，誠實地做人是一件極不容易的事情。這倒不是他不願意，而是他不能。他不信任別人。

一個人可以保證自己信任他人，但不能保證他人同樣地信任自己。如果他不能得到他人的信任，那麼他的誠實就可能具有危險性。

他害怕自己的誠實被欺騙、被利用、被玩弄、被嘲笑，甚至被陷害。對於一個因爲誠實而遭致不幸的人，他就會緘默和僞裝，他有充分的理由不誠實。

但不能因此而說人可以不誠實，如果一個人一天到晚生活在防備、懷疑、警惕之中，那他的身心將是沈重、艱難而疲倦的。遭致不幸並不能構成你不誠實的理由。對不誠實的人不誠實是公平的，對誠實的人不誠實則是不公平的。

對誠實的人誠實，是一種境界；對不誠實的人誠實，也是一種境界，而且是一種更高的境界。

第一種誠實可以寬慰一個人，第二種誠實則可以改變一個人。

消除片面

人們認識上的通病，是被片面的認識所蒙蔽，而不明白全局的大道理。人們糾正了片面的認識，才能使認識恢復到正道上來。

偏愛自己積累的知識，惟恐聽到別人說他的壞話。依據自己的偏見，來觀察其他的學說，唯恐聽到別人說那些學說的好話。因此背離正道而行，還自以為是，不知改正。這難道不是受片面的認識所蒙蔽，失去了追求正道的本意嗎？不用心思考，那麼白與黑擺在面前，眼睛卻看不見，側邊鼓聲如雷，耳朵卻聽不見，何況是被片面認識蒙蔽了的人呢！

——荀子《解蔽》語譯

蒙蔽

人往往被片面的認識所蒙蔽。
所有的事物皆有差異，僅只見其一面，沒有不被蒙蔽的。

人往往被片面的認識所蒙蔽：有的被慾望所蒙蔽，有的被憎惡所蒙蔽；有的只看到開始而被蒙蔽，有的只看到終結而被蒙蔽；有的只看到遠方以致被蒙蔽，有的只看到近處以致被蒙蔽；有的只看到廣博的一面以致被蒙蔽，有的只看到淺顯的一面以致被蒙蔽；有的只看到遠古而被蒙蔽，有的只看到目前而被蒙蔽。所有事物都有差異，只看到一面，就沒有不被蒙蔽的，這是人思想方法上共通的毛病。

過去君主中被蒙蔽的典型是夏桀與殷紂。桀被妃子妹喜和佞臣斯觀所蒙蔽，不信任忠諫的大臣關龍逢，結果，導致思想迷惘和行爲昏亂；紂被妃子妲己和佞臣飛廉所蒙蔽，不信任他的兄長微子啓，結果，導致思想迷惘和行爲昏亂。於是，群臣不願效忠而圖謀私利，百姓怨恨咒罵而不願爲君主出力，賢良的人退出朝廷不參與政事而隱居躲避，這就是他們喪失土地、毀滅政權的原因。桀死在鬲山，紂被殺後，頭被掛在旗杆上示衆，他們自己事先並不能預見，別人也沒有向他們進諫，這就是被蒙蔽所帶來的禍害了。

墨翟因爲強調實際功用而受蒙蔽，不懂得禮樂制度的重要；宋鈃（xing）因爲強調情慾寡而受蒙蔽，不懂得有些慾望恰恰是正常人情；愼到因爲只看到法的作用而受蒙蔽，不懂得賢人的作用；申不害因爲只看到權勢的重要而受蒙蔽，不懂得人的智慧的重要；惠施只知道玩弄邏輯命題而受蒙蔽，不知道事物的實際情況；莊周只講求消極地順應自然而受蒙蔽，不懂得人的力量的作用。

所以，如果只從功用的觀點來論道，人們就都追求功利了；只從慾望的觀點來論道，人們就都會硬搬法律條文了；只從權勢的觀點來論道，人們就都會去看方便行事了；只從邏輯命題的方面來論道，人們就都會強詞奪理，追求能言善辯了；只聽從天命的觀點來論道，人們就都會去消極地順應命運的安排了。所有這些都只是看到了事物的一個方面，而忽視了另一個方面。

周全

荀子以為：

將事物由各種角度加以綜合，便能確立一個正確的標準，加以判斷，方能得到周全的思考。

看問題既要看到事物的正面，又要看到事物的反面；既要看到自己所喜好的一面，又要看到自己不喜好的一面；既要看到開始的一面，又要看到終結的一面；既要看到近的一面，又要看到遠的一面；既要看到廣博的一面，又要看到淺近的一面；既要看到古的一面，又要看到今的一面。把各種不同的事物，把各個不同的方面加以綜合、排列，從而才能確立一個正確的標準，去加以判斷，才能得到周全的思考，這是荀子對人不厭其煩的開導。

人最容易受到蒙蔽的不是別人，而是自己。人會輕易地懷疑和審視別人，卻不那麼容易懷疑和審視自己。我們往往把自己的喜好、興趣、願望和處境作爲一個標準去加以判斷，結果得不到正確的認識。

春秋齊景公時，有一年，大雪整整下了三天三夜。景公身披白狐皮裘，坐在堂側。晏子入見，景公說，「怪哉！下了三天雪而天不寒冷。」晏子反問：「天眞不冷嗎？」景公笑。晏子說：「我聽說，古之賢君，飽而知人之飢，溫而知人之寒，逸而知人之勞。而您卻不是這樣。」景公說：「你說得對，我聽從你的勸告。」於是，下令給飢寒交迫的人發放衣服、米粟。

所以，想得到正確的認識，就該知道自己會成爲自己的障礙，就該更多地站在他人的立場、處境、角度來進行思考。

見異思遷

為學明理之人應見機守義，不因環境、條件變遷而放棄已得之道。

什麼是衡量蒙蔽與否的標準呢？

荀子認爲，這就是道，精通某一事物道理的人，只能掌握某一事物，精通於道的人，卻能掌握一切事物。但這個道，不是天之道，也不是地之道，而是人們應該遵循的原則。

原則是人從經驗和教訓中總結出來的行爲準則，它溶入了人對人生、社會乃至自然的思考、積累與智慧。所以，一旦某種原則形成了，就應該堅持，並在堅持中去完善、補充和發展。切不可隨便放棄，或者見異思遷。

晉國有個人叫馮婦，擅長赤手空拳打老虎，後來，他想做良善的人，決定不再打老虎了。

有一次，他正趕路，恰好許多人在追趕老虎。

「請幫幫忙，打死老虎！」

「打老虎非得你出馬不可！」

「好吧！我就再打一次老虎吧。」

老虎打死了，那班人都喜歡極了。從打虎人的角度而言，他成功了；但從馮婦自己的角度而言，他失敗了，他放棄了自己的道，重做馮婦了。

所以說，爲學明理的人應見機守義，不因環境、條件變遷而輕易放棄自己的已得到的道——方法、技藝、能力。

隨心所欲

真正得道的人，不為外物所困惑，隨心所欲，情興盡致，但一切又在情理之內、規矩之中。

孟軻生怕敗壞了自己的名譽，竟休了他的妻子，這可以算作自強了，但不能說思考的很周致。

孔的學生，擔心看書睡著了，就用火柴燒手掌，這可以算得上自我克制了，但還沒有達到喜好思考的程度。

石洞中有一個人，名叫觙（ji），他會猜謎語又喜歡思考。如果耳朵聽到聲音，眼睛看到東西，就擾亂了他的思考。所以，蚊蟲的叫聲、禽鳥的飛翔，都會妨礙他聚精會神。為避免耳朵和眼睛受到騷擾，他獨居石洞，靜坐思考，這樣，他的思想就明白通達。使耳朵和眼睛避開騷擾，可以算得上自我警惕了，但還沒有達到認識道的精微程度。

能夠認識道的精微的人，是天下最完美的人：既然是最完美的人，還有什麼自強、自我克制、自我警惕呢？

所以，沒有得道的人，如火光一樣，只有光明，轉瞬即逝；而眞正得道的人，如火一樣，本身發光發熱，因此整個個體也透徹明亮。

沒有得道的人，總是擺脫不了外物的影響，容易受到外物的誘惑；而眞正得道的人，不爲外物所困惑，我行我素，隨心所欲，情興盡致，但一切又在情理之內，規矩之中。

所以，得道的人才眞正是具有境界的人，遵循原則辦事，不必故意去做，不必勉強去做。思考問題輕鬆愉快，處理事情得心應手。

怡養性情

從善如流卻沒有厭倦之意，接受規勸而能警誡自己的人，即使主觀上並未要求進步，能不進步嗎？

* * * * *

凡是運用血氣、志意、智慧和思慮去處理問題，又遵循禮法的，那麼事事都辦得通；不遵循禮法，就會悖亂鬆懈；凡是飲食、衣服、居處，一舉一動遵循禮法的，就能和諧有節奏，不遵循禮法，就毛病百出；凡是容貌、態度、進退、走路，遵從禮法就文雅，不遵循禮法就傲慢孤僻，庸俗粗野。

——荀子《修身》語譯

怡養

一切應以中和為貴。增一分則過多、減一分則嫌少，修養的奧秘即在於此。

人不是生下來就完美的。做一個高尚的人，純粹的人，有境界的人，就必須注重修養，調理性格，陶冶情操，怡養思想。

荀子的修養方法是：對於血氣方剛的人，就讓他平心靜氣，對於思想深沉的人，就讓他平易溫良；對於勇猛凶暴的人，就幫助他循規蹈矩；對於行爲輕率的人，就用沉穩持重來節制他；對於心胸狹隘的人，就擴大他的胸襟；對於思想卑下、遲純、貪小利的人，就激發他高昂的意志；對於庸碌散漫的人，就用良師益友來改造他；對於懶散放蕩，自暴自棄的人，就曉之以災禍，使他警醒；對於單純樸實、忠厚誠實的人，就使他的言行符合禮樂的節奏、啓發他深思熟慮。

所以，一個人首先應該明白自己是一個什麼樣的人，然後才知道調理什麼、改變什麼、增進什麼。不要迴避或懼怕己的弱點，說不定它就蘊含著你的優點；

也不要得意於自己的優點，說不定反過來它就是你的弱點。修養的法則是；無論優點或弱點，都不可使其走向極端，優點走向極端就成了缺點，弱點走向極端就難以自拔。

一切應以中和爲貴，增之一分則嫌多，減之一分則嫌少，修養的奧秘就在這裡。

荀子說，調理血氣，保養身體，那麼就可以步壽星彭祖的後塵；培養道德品質、自立自強，那麼名聲就可以與堯舜媲美。

順境與逆境

有涵養的人在順境或逆境中都能進步。

人活一生，什麼樣的事不可能發生呢？有的時候，吉星高照、事事順遂；有的時候，烏雲蓋頂、事事坎坷。重要的並不是你處於順境或逆境，而是你對待順境或逆境的態度和方法。明乎此，你才知道人生並不僅僅是進擊，有時需要退卻；有時當奮勇拼搏，有時需要養精蓄銳；有時當潔身自好，有時需要等待觀望。

荀子說，有涵養的人，在心志寬廣時，就敬重天道，遵循常規；在心志狹窄時，就敬畏禮法，自守節操；智慮所及，就精明通達事理，觸類旁通；在智慧閉塞時，就老實誠懇地遵守禮法；當被重用時，就恭敬處事，不輕舉妄動；不被重用時，就肅敬莊重。心情愉快時，就和顏悅色地辦事，心情憂慮時，就靜待而守理；地位顯赫時，就用文雅的話語闡明事理；處境窮困時，就用含蓄簡單的話語闡明事理。

沒有涵養的人就不是這樣，他心志寬廣時，就傲慢粗暴；他心志狹窄失意之時，就奸邪傾軋。智慮所及，就掠奪欺詐；在智慧閉塞時，就陷害他人，胡作非為。被重用時，就逢迎巴結，倨傲不遜；不被重用時，就怨天尤人，陰謀活動。心情愉快時，就輕浮飄忽；心情憂慮時，就垂頭喪氣，膽小怕事。地位顯達時，就驕傲偏激、不可一世；處境窮困時，就自暴自棄，頹唐沒落。

所以說，有涵養的人在順境或逆境中都能進步，沒有涵養的人在順境或逆境中都在墮落。

貧富

有涵養的人，貧窮不移、富貴不淫；能上能下、可進可退。

原憲（子思）在魯國很貧窮，子貢在衛國很富有。原憲由於貧窮而損害生命、子貢由於富有而拖累身體。那麼，貧窮不行，富裕也不行，怎樣才行呢？

楊朱說，快樂一生可以，安逸一生可以。善於快樂一生的不貧窮，善於安逸一生的不圖富裕。

錢財乃身外之物，生不帶來，死不帶去。可見錢財與生命本身無關。然而世人看不透，看透了也不在乎，結果，爲錢財而生，爲錢財而亡。有錢也痛苦，無錢也痛苦。整個生命的過程成了錢財積聚消耗的過程。活了一輩子，也不知道人生是個什麼滋味。

荀子說，有涵養的人，處境窮困，心志寬廣；身處富貴，恭敬從容；休息的時候，精神也不懈怠；疲倦的時候，容貌仍保持莊重。在顯達之時，盛怒之下，罰不過重，喜悅之餘，賞不過高。

有涵養的人啊！貧窮不移，富貴不淫，能上能下，可進可退，平平靜靜，舒舒泰泰，安安樂樂，人生如此，還有什麼憂愁煩惱，貧窮富貴呢？

能與不能

君子有才能則心懷寬廣、平易近人；無才能則依然態度恭敬、謙虛退讓。

君子有才能是美好的，有才能又有作爲那就錦上添花了；小人有才能是醜惡的，因才能而作惡那就危害更大了。

君子有才能、有作爲、心懷寬廣而能容物，平易近人而能開導別人；沒有作爲，依然態度恭敬，謙虛退讓，以敬畏的心情對待別人。

小人有才能，卻驕傲自大、邪僻不正、盛氣凌人；沒有才能，卻嫉妒、怨恨和誹謗、排擠賢能。

君子有才能，人們以向他學習為榮幸；他不知的事，人們也樂意告訴他。小人有才能，人們以向他學習為輕賤；沒有才能，人們以告訴他為羞恥。君子者孫臏是也，小人者龐涓是也。

孫臏與龐涓同在鬼谷子門下學習兵法，孫臏是鬼谷子最優秀的學生，才能和智慧遠在龐涓之上。

龐涓先下山做了魏國的軍師，他也自知才學不如孫臏，總覺得孫臏是自己前程的潛在威脅。爲了消除這塊心病，便寫信給孫臏，騙他到魏國來成就功名，而其眞正的目的則是讓孫臏落入他的股掌之中，永無出頭之日。

孫臏來到魏國，魏王拜他爲副軍師，但龐涓以種種借口加以阻撓，最後魏王只給孫臏一個客卿的位置。

此後，龐涓不斷在魏王面前講孫臏的壞話，魏王將信將疑。有一次，齊國使者慕名而來，想聘孫臏到齊國施展才華，孫臏效忠魏國而加以拒絕。龐涓利用這個事實，向魏王進讒：「孫臏雖然身在魏國，但心中仍在齊國，這次齊國使者來就是與他私通的。」魏王大怒，不分青紅皂白，加罪孫臏，就這樣，孫臏莫名其妙地被處以削去膝蓋骨的重刑。

孫臏兵刑之後，龐涓便假惺惺地對孫臏表示關懷、勸他在獄中撰寫兵書。兵書寫成之後，龐涓露出了本來面目，想把兵書據為己有。孫臏才恍然大悟，原來自己的一切遭遇，都是龐涓造成的。孫臏萬分絕望，他決計忍辱逃生。

從此，孫臏便裝成受刺激過度而發瘋了，龐涓開始並不相信，對他施以種種非人的折磨來加以考驗。把他拖入豬圈，孫臏在豬圈裡又哭又笑，在豬尿裡打滾，還吃豬食，啃泥巴，通過這些殘酷而致命的表演，終於使龐涓相信，孫臏眞的瘋了。

後來齊國的一位使者來到魏都大梁，孫臏派一個刑徒偸偸地去見齊使，陳述他被害的經過並請求營救。齊使運用計策把孫臏用柴車運到齊國。孫臏到齊國後，重用於大將田忌，拜爲齊威王的國師。指揮了軍事史上著名的「圍魏救趙」、「杜陵之戰」、「馬陵之戰」等戰役，屢敗魏軍，射殺了龐涓。

榮譽與恥辱

人的資質秉性、知識和能力，君子與小人一樣。愛好榮譽、厭惡恥辱；愛好利慾、厭惡禍害，君子與小人也一樣。但是，求得榮譽和利慾，避免恥辱和禍害，君子與小人所採取的方法就不同了。小人拼命做荒誕不經的事，還想要別人相信自己；拼命做欺詐的事，還想要別人親近自己；行為如禽獸，還想別人用善意對待自己；心術叵測、行動詭詐，所持的論點難以站住腳，結果必然得不到榮譽與利益，也必然遭受恥辱與禍害。至於君子，對別人誠實，也想別人對自己誠實；自己忠厚待人，也想別人親近自己；品行正直，辦事中肯，也想要別人用善意對待自己；襟懷坦白，行為安穩，所持的論點易於成立，結果必然得到榮譽和利益，也必然不會遭到恥辱和禍害。

——荀子《榮辱》語譯

區別與界限

先義而後利者，將得到榮譽；先利而後義者，將受到屈辱。

誰不願得到榮譽？誰不願被人尊敬？誰不願有一個輝煌的人生？有的人追求了一輩子也沒有得到；有的人死後才得到；有的人死後也沒有得到；有的人生前死後都得到了，這樣的人太幸運了。

同樣是得到、同樣是失去，但在這得與失之間是大有講究的。

以道義為先而後言利的人，將得到榮譽；以利為先而後言道義的人，將受到屈辱。以道義為先而後言利的人，得到的是坦然、浩氣；以利為先而後言道義的人，得到的是惶然、心虛。以道義為先而後言利的人，失去的只有一次，得到的是無數次，所以，他得到的比失去的多；以利為先而後言道義的人，得到的只一次、失去的是無數次，所以，他失去的比得到的多。

得到榮譽的人常常遇事順暢，遭受屈辱的人處境總是窮困。通達的人常常制服別人，雖然他並不想制服別人；屈辱的人往往被別人制服，雖然他並不想被別人制服。

這就是榮譽和恥辱的根本區別。

荀子說，純樸老實的人常常滿足於得到利益，放蕩凶暴的人常常遭受危害；滿足於得到利益的人常常安樂，危害別人的人常常憂愁危險。安樂的人常常長壽，憂愁危險的人常常夭亡，這就是安危利害的通常規律。

韜光養晦

人應該懂得一點韜略，控制自己的情緒慾望，取人所長、補己所短，借人所短，養己所長。

人不怕無福，只怕放蕩；人不怕無壽，只怕縱慾。傲慢和輕薄，是人的禍根。人若恭敬而節制，則福壽綿延。

逞一時的痛快而招致失敗，是由於盛怒所引起的；有明察的能力反被殘害，是由於剛愎自用引起的；知識淵博反而處境窮困，是由於詆毀他人所引起的；希望得到清白的名聲而名聲更壞，是由於言過其實所引起的；以酒肉結交朋友反而交情淡薄，是由於交友的原則不對所引起的；善辯但不能說服別人，是由於好與人爭論引起的；行爲正直但得不到知己，是由於好勝所引起的；爲人方正但不被別人重視，是由於傷害別人所引起的；勇敢但不被人畏懼，是由於好貪私利所引起的；講信用但不被人尊敬，是由於好獨斷專行所引起的。

一個人有了一點本事，一點優勢，往往急於表現，這就是驕傲。人之所以驕傲是由於兩個原因，一是他擁有世人所尊重所寶貴的東西；二是他必倍受壓抑。有時他所擁有的東西和他所受到的壓抑並不是一碼事，甚至根本無關，但他還是情不自禁地驕傲起來。結果，他的驕傲並不能消除他的壓抑，反而，他由於驕傲而更加壓抑。

所以，人應該懂得一點韜略，要含，要藏，要退，要收，要節制，也就是要控制自己的情緒和慾望，以保持一種清醒的認識，既看到自己的長處，又看到自己的短處，既看到他人的長處，也看到他人的短處。取人所長，補己所短，借人所短，養己所長。看上去，你在退，在收，實際上你卻在前在放，這功效是在不知不覺之中實現的。

有了這樣的膽認和魄力，人就能不慍不怒，不急不躁，不悲不嘆，不聲不張，恭恭敬敬地做人、踏踏實實地辦事。

勇敢種種

荀子以為，人之「勇敢」大致有四：狗和豬的勇敢、商人和盜賊的勇敢、小人的勇敢、士君子的勇敢。

荀子認爲，人的勇敢大致有四種：

- 狗和豬的勇敢。
- 商人和盜賊的勇敢。
- 小人的勇敢。

•士君子的勇敢。

爭奪飲食，不顧廉恥，不知道是非，不逃避死傷的危險，不怕衆人的強力，貪婪地只看他吃喝，只有行動，沒有思考，這是狗和豬的勇敢。

爲了謀利，爭奪財物，毫不謙讓，果敢而又狠毒，極端貪心而又暴戾；爲了自己謀利，不惜損害他人的利益。吃小虧，占大便宜，唯利是圖，這是商人和盜賊的勇敢。

輕視生命而又暴虐，這是小人的勇敢。

站在正義的立場上，不爲權勢所屈服，不管有利還是無利，即使舉國衆口一辭反對他，也不會改變既定的看法；他熱愛生命，珍惜生命，但爲了堅持正義決不屈從，這是士君子的勇敢。

影響

聲音美，回響就美；聲音難聽，回響也必刺耳。

禮尚往來；以德報德；受人滴水之恩，當以湧泉相報；說的都是人際交往的準則。

詛咒不能征服人，陰謀不能征服人，武力也不能征服人。以惡報惡，以心換心。

你對別人誠實，別人才有可能對你誠實；你忠厚待人，別人才有可能忠厚待你；你品行端正、辦事中肯，別人才有可能善意待你。

世上還有一種人，可以叫他無賴，他說話不誠實，辦事不老實，卻希望別人相信自己；專門替自己打算，拼命損害他人，卻希望別人親近自己；他對別人不懷好意，卻希望別人以愛心待己。

關尹對列子說：

聲音美，回響就美，聲音難聽，回響也必刺耳。身體長，影子就長，身體短，影子就短。名譽好比回響，行動好比影子。我愛人，人必愛我，我惡人，人必惡我。湯武喜愛天下人，所以稱王，桀紂厭惡天下人，所以滅亡。

善有善報，惡有惡報，不是不報，時候未到，時候一到，一齊全報。

荀子說，君子襟懷坦蕩，行爲安穩，善以待人，當然不會遭受恥辱，而贏得榮譽。小人心懷叵測，行動詭詐，惡以待人，得不到榮譽是必然，遭到恥辱也是必然的。

為人處世

人情練達

職位高上，身份尊貴，不因而傲視別人；聰明睿智，不因而使人難堪；口才流利，思維敏捷，不因而駕凌人上；剛毅勇敢，不因而傷害他人。不知道就問別人，沒有能力就學習，即使有才能必定謙讓，進而使言論行動符合道德的要求。看到君主就實行臣下之禮，看到同鄉就講求長幼尊卑，看到年長的人就實行子弟之道，看到朋友就講求禮節謙讓，看到身份低下而輩份又小的人，就實行誘導和寬容的原則。要表現出無所不愛，無所不敬，與人無爭，胸襟寬廣得好像天地能容納萬物一樣。如果這樣，賢人就會尊敬他，不賢的人也會親近他。

——荀子《非十二子》語譯

可與不可

對於人事，選擇總是必要的。
世事洞明，方能人情練達。

在什麼山上唱什麼歌，在什麼村裡說什麼話。世事洞明的人知道隨時間、地點、環境的變化，採取與之相應而又切實可行的人生策略，甚至，他根本就沒有意識到這就是策略，他只是自然而然地那樣去做罷了。

荀子說，對那些不可交談的人，卻偏要和他交談，叫做浮躁。對那些可以與他交談的人而又不與他交談的人，叫做隱瞞。不看對方的表情而與他交談，叫做眼瞎。

浮躁的人、隱瞞的人、眼瞎的人，既不了解自己，也不了解別人。浮躁的人不懂得場合，隱瞞的人把握不住機遇，眼瞎的人沒有方法。

不可交談而交談，是逞強，是賣弄，是對牛彈琴。

可以交談而不交談，是自卑，是膽怯，是夜郎自大。

不看對方表情而交談，是盲目，是無賴，是無自知之明。

不是什麼話都可以對任何人說，不是什麼事都可以為人去做。什麼時候多說，什麼時候少說，什麼時候多做，什麼時候少做；什麼時候既可以說，又可以做，什麼時候既不能說，又不能做。這裡頭的學問大得很，看得穿，識得透，把得準，一切事情辦起來都會得心應手。否則，你本意是想把事情辦好，結果卻辦得很糟。

莊子講過一個故事。

一個人很愛他的馬，用竹筐給馬盛糞，用水桶給馬接尿。正好，一群蚊虻叮住了馬。養馬人為了驅趕蚊虻，打著了馬，馬受驚了。於是，馬咬斷了嚼子，踢破了養馬人的腦袋，踏碎了養馬人的胸膛。

養馬人的本意是愛馬，結果反而遭受了馬的禍害。這就是不該做的做了，不該這樣做偏偏又這樣做了的結果。

所以，對於人事，選擇總是必要的。

雍容大度

泰山不讓土壤，故能成其大；河海不擇細流，故能就其深。

世界上最寬闊的東西是海洋，比海洋更寬闊的是天空，比天空更寬闊的是人的心靈。心底無私天寬地闊。

天之所以寬闊，是因爲它無爲，地之所以寬闊，也因爲它無爲。天無爲所以清高，地無爲所以安寧，兩個無爲結爲一體，萬物才得以化生。恍恍惚惚，不知從那裡出生，惚惚恍恍，看不見它的形狀。萬物蓬蓬勃勃，都從無爲得以存活。莊子說，天地無爲而無不爲。

心靈之所以寬闊，因爲它無己無私，無己無私，方能放眼世界，氣吞河山。世上沒有什麼事情不可以聽，天下沒有什麼事情不可以看，聽之任之，視之隨之，一個人連私己都已忘記，哪裡還有天和地呢？

所以，荀子說：

- 大丈夫賢明而能容納軟弱無能的人。
- 知識豐富而能容納愚昧無知的人。
- 博大精深而能容納淺薄浮躁的人。
- 德操純粹而能容納品行駁雜的人。

海洋深廣，因爲它不拒江河的大小清濁。一個人能欣賞他人的優點，是大度的人；一個人能容納他人的弱點，才是眞正大度的人。

謙遜

弓滿則折，月滿則虧。

滿招損、謙受益。

傳說，繒國舊地疆界的執掌官，看見了楚相孫叔敖，說：「我聽說，做官久了的人，士人嫉妒他，俸祿多了的人，百姓怨恨他，官位高的人，君主憎恨他。

如今你孫相國居官久，俸祿厚，職位尊三者都具備，卻沒有得罪楚國的士人和民衆，這是什麼原因呢？」孫叔敖說，「我三次做楚國的相國，思想上更加謙卑，每當俸祿增加，施捨就更加廣泛，地位越高，禮貌就越恭敬。因此，才不得罪楚國士人和民衆。」

荀子還講過一個故事。

孔子在魯桓公的廟裡參觀，看見了一種傾斜而不易放平的容器。孔子向守廟人詢問道：「這是什麼器具？」

守廟的人說：「這大概是人君放在座位右邊的一種器具。」

孔子說：「我聽說這種器具，空著的時候就傾斜，灌進一半水就正立著，灌滿了就翻倒了。」

孔子回頭對學生說：「灌水吧！」

學生就舀水進容器裡面，水灌到一半，容器就正立著，注滿水就翻倒了，空著的時候就傾斜。孔子喟然長嘆：「唉！哪有滿了不翻倒的呢！」

子路問道：「請問保持富貴的地位，如同保持水滿而不翻一樣，有什麼辦法呢？」

孔子說：「自己聰明智慧，要保持愚笨的樣子；功勞覆蓋天下，要保持謙讓的樣子；既勇敢而又力氣蓋世，要保持怯弱的樣子；財富擁有全天下，要保持謙遜的樣子，這就是所謂謙讓了再謙讓的方法。」

後來，子貢又問孔子道：「我想做到對人謙虛，但不知如何做才好？」

孔子說：「對人謙虛嗎？那就要像土地一樣，深深地挖掘，就可以得到甘泉；種植，就可以五穀繁茂；草木繁植了，禽鳥和野獸就在這裡繁育，草木禽獸生長時就立在地上，死了就埋進土地中；土地的功勞很大，但它不自認為有德行。對人謙虛就該像土地一樣。」

處世智慧

地位高貴時，不妄自尊大，得到信任時，應該避免被人嫌疑的事；擔負重任時，不要獨斷專行；得到財利獎賞時，應該表示自己的功勞遠遠比不上所受的獎賞，必須盡了謙讓之禮後才接受；有福之事臨身，就用和諧的心情對待它，有禍之事臨頭，就冷靜地處理它。富有時，廣泛地施人恩惠；貧窮時，節省費用。要做到可以尊貴也可以卑賤，可以富有也可以貧窮；可以被殺但不可以使自己做奸詐欺人之事。這些都是保持尊寵，安居官位，終身不被人厭棄的處世方法。即使處在貧窮孤獨的地位，也要取法上述方法去做，這就可以稱為吉祥的人。

——荀子《仲尼》語譯

留條後路

不以春風風人、夏雨雨人，則必有困窘之時。

人無遠慮，必有近憂。處富思貧，居安思危。

孔子這麼講，孟子這麼講，荀子也這麼講。

荀子說，人生在世，雞鴨滿欄，可吃飯時不敢多酒肉；倉廩充實，可穿衣時不敢著綢緞；馬牛成群，可出行時不敢乘車馬。並不是不願享受，也不是不會享受。而是從長計議，顧及以後，恐怕無以爲繼。於是，抑制慾望，節衣縮食，收斂財物，以便接濟將來困乏之時。

春秋時，孟簡子在梁、衛爲相，因罪而逃往齊國。

管仲出迎，問他：「您相梁、衛時，門下使者多少人？」

孟簡子說：「三千餘人。」

管仲問：「今天同來的有多少？」

孟簡子回答說：「三人。」

管仲又問：「是些什麼人？」

孟簡子答道：「其中一個人的父親死了，無力安葬，我幫他安葬了；一個人的母親死了，我也幫他安葬了；另一個人的哥哥無辜被捕入獄，我把他釋放了。這三人與我同來。」

管仲便把孟簡子迎了上車，說：「唉！我一定會有困窘的時候的。因爲我不能以春風風（fèng）人，我不能以夏雨雨（yù）人。我一定會有困窘的時候的。」

荀子說，聰明人做事，富有時會想到不足的時候；平穩時就想到艱險的時候；安全時就想到危難的時候，周詳慎重地採取預防措施，還恐怕有禍及身。這樣，無論做什麼事都不會陷於窘境了。

善假於物

荀子勸學篇：「君子生非異也，善假於物也。」

荀子獨白：我曾經踮起腳跟向遠方眺望，但遠不如登上高山見到的廣闊無垠。我曾經站在高處伸手招呼，手臂並沒有加長，但遠處的人卻看得清楚；我曾經順風呼喊！聲音並沒有加大，但遠方的人卻聽得清晰。我觀察藉助車馬外出的人，並不是因爲善於行走，但他能一日千里；我還觀察藉助舟楫出遊的人，並不是因爲善於泅水，但他能橫渡江河。所以我說，聰明的人生性與別人並無不同，只不過他善於藉助外物罷了。

人的力量是限的，快不過馬、飛不過鳥，眼銳不及鷹，嗅覺不過犬，但聰明的人善於利用外物，藉助外物，從而使自己的力量，百倍千倍地延伸。

建安時，曹操率二十萬大軍追殺劉備。諸葛亮建議劉備聯吳抗曹，並到東吳說服孫權。孫權遣派周瑜等領兵與劉備合力迎戰曹操，雙方相遇於赤壁。

曹軍不服南方水土氣候，已有瘟疫流傳。初次交戰，曹軍受挫，便退駐長江北岸。周瑜率軍屯駐江南。

一日，周瑜與部將商議破敵之法。老將黃蓋望著江對岸連接一片的大小戰船，說：

「如今敵衆我寡，難以與之持久，宜速戰速勝。曹軍多北方士卒，不習慣水上生活，所以他們將船隻連結成片，以減少顛簸，十分適合用火攻之。」

周瑜採納了這一建議，調來數十隻戰船，並裝滿乾草枯柴，中間灌以膏油，加以僞裝，插上旗幟。又在每一戰船後繫一輕便快船。詐稱前來投降。

這天，東南風起，黃蓋率船過江而來，曹軍將士皆伸頸觀望，指著黃蓋前來投降。直到距離曹軍艦船很近時，黃蓋發令各船一起點火，然後分乘小船返回江南，著火之船順風飛駛，與曹軍戰艦連成一片，盡皆燒毀，大火延及岸上軍營，曹軍死傷慘重。

於是，孫劉聯軍乘勢率精銳部隊追殺，致使曹軍大敗。

孫劉聯軍取勝，靠的不是人多將廣，而是他們的將帥在當時當地比曹操更善假於物，善於利用水、利用火、利用風罷了。而劉備、諸葛亮更是藉孫權的拳頭擊敗了曹操進攻。

方法

方法不當，雲遮霧障，山重水複；方法正確，雲開日出，柳暗花明。

掌握一種方法比掌握一種結論更有效。結論是此事此物的。而方法不僅是此事此物的，而且也是彼事彼物的。

結論只與某個特殊的事實相關聯，是既成的事實，是凝結不變的東西，而方法則與各種各樣的事物相關聯，具有再生性。

處理一件事當然會有很多的方法，但有一種是其中的最好的方法，聰明的人應當善於發掘這最好的方法。

不同的方法會導致不同的結論，儘管目的相差無幾，但效果卻大相逕庭。

子路向孔子問道：「魯國大夫在父母死後二十七個月的服喪期間睡在床上，合乎禮嗎？」

孔子說：「我不知道。」

子路出來，告訴子貢：「我以爲先生乃是無所不知的，先生也有一些不知道的事哩！」

子貢說：「你問些什麼呢？」

子路說：「我問魯國大夫在服喪期間睡床，合乎禮嗎？先生說不知道。」

子貢說：「我給你去問先生。」

子貢問孔子：「服喪睡床，合乎禮嗎？」

孔子說：「這不合乎禮。」

子貢出來，告訴子路說：「你說先生是有些事不知道嗎？先生乃博學之人，你問得不對。按照禮的規定，住在大夫所管的地方，不要說大夫的不是。」

可見，方法不當，雲遮霧障，山重水複；方法正確，雲開日出，柳暗花明。

慎交

施薪若一，火就燥也；平地若一，水就濕也；物各從其類也。

孔子對弟子們說：「我死之後，子夏將日益長進，子貢將日益後退。」

曾參問其故，孔子說：

「子夏好與勝過自己的人交往，子貢只喜歡與不如自己的人交往。不知其子視其父，不知其人視其友，不知其君視其使，不知其地視其草木。與善人相處，如入芝蘭之室，久而不聞其香，因而與芝蘭化而爲一；與不善人相處，如入鮑魚之肆，久而不聞其臭，也因與鮑魚化而爲一。藏丹的地方是紅的，藏漆的地方是黑的。所以，君子應慎交相處之人。」

人與人是相互聯繫的，人與人是相互影響的。所謂視父知子，視友知人，視使知君，視草木知土地，就是用聯繫的觀點，相互影響的觀點來看待一切人，一切事。

荀子說，一個普通人不可以不慎重地選擇朋友。朋友，是爲了互相幫助的，各人奉行的政治，道德原則不同，怎麼能互相幫助呢？在一堆鋪平的乾柴上點火，火先燒乾燥的柴；在平地上灌水，水先流往濕處。同類的事物互相依從，是如此顯著，從他的朋友的品德來觀察他，有什麼可懷疑的呢？選擇好人做朋友，不可不慎重，因爲這是培養自己品德的基礎。

含納

上天不講話，人們認為它最高；大地不講話，人們認為它至厚；春、夏、秋、冬四時不講話，老百姓都預知節氣的變化。這都是由於它們有一定的規律，從而達到了它們的真誠。君子有大德，雖默不作聲，但老百姓都明白他的意思；對別人並沒有施予什麼恩惠，人們都親近他；他並不發怒，卻顯得威嚴。

——荀子《不苟》語譯

坐懷不亂

君子坦蕩蕩，小人常戚戚。

柳下惠是魯國賢人，一天，夜宿於城門口，一女子前來尋宿，柳下惠怕這女子凍死，就用衣服把她裹在懷裡，心裡不存在任何邪惡的念頭。

魯國還有一男子，獨居，他鄰居爲一寡婦，也獨居。一天晚上，暴風雨至，寡婦屋壞，於是，寡婦敲那男子的門，請求讓她躲躲雨，然而，那男子拒不接受。

寡婦從窗口對他說，「你毫無同情之心，爲何不讓我進門？」

男子說：「我聽說男女年不過六十不同居，現在，你我都年輕，所以，不敢收留你。」

寡婦說，「你爲何不像柳下惠那樣坐懷不亂呢？」

男子答道：「柳下惠可以辦到，我卻辦不到。我現在正是以我的『辦不到』

來學柳下惠的『可以辦到』。」

孔子聽說此事，讚道：「向柳下惠學習的人沒有一個比得上這個男子！學習賢人的品質而不蹈襲賢人的行爲，這是智者的表現。」

做得到的是君子，做不到也是君子。做得到是考驗，做不到又何嘗不是考驗呢？

不求報答

做了好事，不爭不鳴，其修養則出乎人之上。

一個人做點好事並不難，一個人做了點好事不求人報答，也不難，難的是一個人做了點好事，誰也不知道，他也不想告訴任何人，但心裡總有那麼一點遺憾，好像若有所失似的。

魯穆公問子思：「聽說你做好事，不要別人稱讚你，眞是這樣嗎？」

子思回答：「並非如此。我做好事總希望有人知道，這樣便會有人稱讚我，我也可以從中得到勉勵。這只是我的希望，並非都能實現。雄雞報曉是一件好事，若說雄雞不倦地報曉不想讓人知道，以免別人誇獎自己，說這話的人，不是虛妄便是愚蠢。」

子思做好事是希望得到別人報答的，沒有報答的勉勵，子思做好事的勁頭就會受到影響。可見，子思的境界並不高。

子思以爲他做好事是爲了別人，但他不知道他爲別人做好事的同時也是爲自己。他爲別人做好事，當然方便了別人，但同時，他爲自己積累了善行，修煉了德操，爲了自己的事唯恐天下不知，這不是涵養太淺薄了嗎？

比如，下雨了，一個人幫鄰居收了曬在院外的衣服，鄰居回來了，他急忙告訴鄰居，以求鄰居感謝他做了一件好事。鄰居果然也感謝了他。然而遺憾也在這裡。他爲鄰居做了一件好事是對的，但他的德行並沒有因此而得到積累。他做好事是爲了領人情，求報答，這就不對頭了。

還有一種人，雖然沒有告訴鄰居這衣服是他幫忙收的，但他總是在心裡一遍又一遍地對自己說，我爲他做了一件好事，可他居然一點也不知道，太遺憾了！

這樣，他的德行也得不到積累。

還有一種人，他也沒有告訴鄰居，但他希望他的善舉在無意中不露痕跡地被鄰居知道，這樣，他就會一舉兩得，既沒有告訴鄰居是誰，又讓鄰居知道了是誰，這種人的小算盤打得太精了，他也達不到修身養性的目的。

所以，一個人做點好事，從他的立場而言，都是一件與人無關的事。如果他做了好事，無寵無驚，不爭不鳴，時間久了，一件又一件地積累，那他的修養就深厚廣大了。

記住一個偉人的話吧：當我沉默時，我覺得充實；倘若開口，我同時感到空虛。

大德若水

君子之德，正如水一般橫無際涯。

水，最廣大地覆蓋著地球，無涯無際。

君子有大德，即使默不做聲，也極富魅力；即使並不施予恩惠，也受到親近；即使並不發怒，也顯得威嚴。君子有大德，像水一樣。

孔子佇立岸邊，遠望東流而去的江水，對身邊的弟子說：「君子見到大水，一定要觀看。」

子貢問道：「爲什麼呢？」

孔子解釋道：

水，它普育萬物，卻不爲自己的目的，彷彿有高尙的道德一樣。

水，向下而流，迂迴曲折而又有規律，彷彿大義凜然一樣。

水流洶湧沒有盡頭，彷彿堅持根本的原則一樣。

如果決開堤岸，水就會奔騰流洩，好像回響應聲而起，它奔赴百丈深淵而無所畏懼，好像十分勇敢。

用水注入儀器來衡量地平面，必定是平的，就好像執法如繩一樣。

水盛滿了，不必用刮平斗斛的工具去刮，就好像天生是正直的一樣。

它纖弱細小無微不至，好像明察一切一樣。

萬物經過水的沖洗，必然新鮮潔淨，好像它善於教化一樣。

經過千迴百轉，必向東流，好像意志不可屈服一樣。

所以，君子見到大水，一定要觀看。

言談

知道就說知道，不知道就說不知道，這是言談的要領。

荀子說，君子一定要善於言談。一句話，退三軍，一句話，抵九鼎，一句話，救人命。語言的力量就是思想的力量，語言的力量就是情感的力量，語言的力量就是智慧的力量。

景公喜歡打鳥，派燭鄒負責養鳥，結果，燭鄒把鳥丟了。

景公大怒，要派獄吏殺掉燭鄒，晏子聞訊，進言景公說：「陛下，燭鄒有三大罪狀，待我向他宣布後再殺他。」

景公說：「好！」

於是晏子便把燭鄒叫到面前，當著景公面前數落他：「燭鄒！你爲國君養鳥而讓它失掉，罪之一也；使我們的國君竟然爲一隻鳥的緣故而殺人，罪之二也；使天下的諸侯，以爲我們的國君重視鳥而輕視人才，罪之三也。」說完，便請殺掉燭鄒。

景公說：「別殺了，我已經受教了。」

孔子也十分注重言談的重要。

一次，子路盛裝來見孔子，孔子說：「仲由，你這樣衣冠楚楚，是什麼原因呢？過去長江從岷山流出，開始，在其發源地水流很小，只能浮起酒杯，流到大水的渡口，若不用兩隻船並列，不避開大風，就不能渡河，這不就是因爲流水大的緣故嗎?今天,既然你衣著華麗,臉上顯出得意的樣子,那麼天下有誰願意規勸你呢?」

子路快步退出,改穿樸素的衣服進來,表示順從。

孔子說,「仲由,你記住。把聰明都顯示在臉上,現出能幹的樣子,這是小人。所以,君子知道就說知道,不知道就說不知道,這是言談的要領。能夠就說能夠,不能就說不能,這是行爲的準則。說話有要領,就是智。行動有準則,就是仁。言行既智又仁,哪裡還有不足的地方呢?」

戒律

人的品德骯髒了，加以清理修飾，並不是說根據原先的骯髒來清理修飾，而是要去掉骯髒換上美好的品德。所以，除去違背禮義的「亂」，並不是以「亂」治亂；去掉骯髒，並不是用骯髒的方法清理修飾骯髒。治理這個名詞，等於說，君子是為了實現安定，而不是為了混亂；為了修飾，而不是為了骯髒。

* * * * *

剛剛洗過澡的人會抖一抖他的衣裳；剛剛洗過頭的人會撣一撣他的帽子。這是人之常情。誰願意拿自己的清白的身體，去接受別人污黑的沾染呢？

——荀子《不苟》語譯

勿好爲人師

人之患在於好爲人師，因爲好爲人師者，必淺薄。

孟子說，人之患在於好爲人師。

師者，所以傳道，授業，解惑也。在當今，提起老師，也許你會敬而遠之，憐而憫之，但你不得不把心目中最神聖的位置留給他。老師，雖然不是人人都想做的，但也不是人人都可以做的。老師，就意味著權威、超越、理性、博學。

好爲人師者之所以好爲人師，並不是他想眞正幫助別人，而是一種虛榮心鼓舞著他，表現慾促使著他。

好爲人師者，必淺薄。

戒傷人之言

有智慧的人，總是迴避傷人之言；
因為與其置身黑暗，不如點燃一支蠟燭。

一種語言，比冬日的陽光還溫暖；一種語言，比閃亮的刀劍還刻薄。同樣是一種語言，在不同的口中或在同一個口中，會產生截然相反的效果：一種語言把人更緊密地聯繫在一起，一種語言掘出了人心中深不可測的鴻溝。

一個智慧的人，一個深邃的人，一個比秋天的穗子更沉著的人，他就不能不像迴避不幸一樣迴避傷人之言。用語言傷人，在傷害者那裡，可以得到發洩的片刻快感，但在被傷害者那裡，卻受到永久的傷害。

傷人之言有兩種：一是當面指責人之所短，二是背後議論人之所短。而背後的議論比當面指責更陰險，更惡毒，更難防範，因而也就更深刻地傷害每一個人。

不要以爲背後議論人之所短是安全的，因爲你是在對人說話而不是對一堵牆說話，而人是不斷變化的，今天是敵人，明天卻是朋友，何況一般人既不是敵人又不是朋友，他會討好他人而出賣你。

這就告訴你，當你對耳朵說話的時候，嘴巴是同時在場的，你的言論即將通過這個嘴巴傳播開去，最後到達你所傷害的那個人的耳朵之中。一個深諳世事的人，怎能不謹愼呢？

唐代有一個檢校刑部郎中，名叫程皓，爲人周愼，人情練達，從不談人之短長。每當同輩之中有人非議別人，他都緘默不語。直到那人議論完後，他才慢慢地替被傷害的人辯解：「這都是衆人妄傳，其實不然。」甚至，還列舉出這個人的某些長處。有時，他自己在大庭廣衆中被人辱罵，連在座的人都驚愕不已。程皓卻不動聲色，起身避開，說：「彼人醉耳，何可與言？」

與其詛咒黑暗，不如點燃一支蠟燭。人情練達者如是說。

絕虛情假義

故作的樸實比華麗更陰險，更難防範。

當一個人沒有勇氣正視事實的時候，虛假便產生了：黑成了白，是成了非，小成爲大，無成爲有。

人人都虛僞過，都把虛僞視爲人身上最可鄙夷的品格，都希望他人對自己裸露最眞實，最樸素，最自然的那一部分。人可以信任一座山、一條河，但不信任一個人，人在人面前沒有有安全感。

一個人會輕易地承認自己的種種缺點，但唯獨不願承認自己虛僞，他會竭力申辯自己的眞誠，他需要樹立一種可以信任的公衆形象，這表明人的心理是十分脆弱的，他害怕自己的虛僞換來的是十倍的虛僞。

然而，現實卻是不可思議的，人人憎恨虛僞，可是人人都虛僞過，而且將不斷虛僞下去。虛僞成了一種生存策略，虛僞成了生活中最眞誠的部分。

這樣，眞誠和虛僞就不那麼容易區別了，你不知道他眞誠多於虛僞，還是虛僞多於眞實，你分辨不清他究竟是一個眞誠的人，還是一個虛僞的人，也許這才是最本質，最眞實的人。

荀子剛正不阿，荀子嫉惡如仇，荀子太純潔，荀子容不下他人的一點虛僞與做作：沒有才能卻自吹才華橫溢，沒有知識卻自誇知識淵博，慾壑難塡卻裝得清心寡慾，行爲陰險骯髒卻自詡謹愼誠實，自命淸高實際上卻庸俗不堪，背離正道卻自鳴標新立異。

做惡是可惡的，但虛僞比做惡更令人憎恨。做惡至少是眞實的，但虛僞卻具有欺騙性，是雙重的做惡。所以，故作的樸實比華麗更險險，更難防範，因而更可惡。

禮

繩，這種準則是最直的了，秤，這種衡器是最公平的了，規矩，這種繪製工具確定方圓是最準的了；禮，是為治國的最根本的原則。不遵照禮去做，不重視禮，這叫做不走正道；遵照禮去做，又重視禮，這叫做正直。在禮的範圍內能思考，叫做「能慮」，在禮的範圍內能始終不變，叫做「能固」。既能慮，又能固，加以在禮上面能做到盡善盡美的地步，這就是聖人了。

* * * * *

聖人、君子能有敦厚的品德，這是日積月累「禮」的結果；能有豁達大度的品德，這是普遍地遵循「禮」的結果；能有高尚的品德，這是推崇「禮」的結果；能有明察秋毫的品德，這完全是遵照「禮」的規定的結果。

——荀子《禮論》語譯

忠

忠謂盡己，亦為臣事君所持之德。

何謂忠？它的一個方面就是下級事奉上級的道德，特別是臣事君的道德。現代人似乎早厭倦了這套理論了，以爲是中國幾千年封建餘孽，應當掃而除之。

任何事物都可以作兩面觀。忠，上下級基本的道德關係，過去存在、現在存在，將來還會存在，忠本身並沒有錯，而取決於「忠於誰」以及「如何忠」。

在現代社會，比如，一個經理，他要錄用兩個職員，被錄用的兩人能力都很傑出，一個忠心耿耿，一個犯上作亂，他肯定會錄用前者，而不考慮後者。誰不希望使用一個親近他，忠誠他的人呢？事實上現今的企業體制內的倫理，取捨的就是一個「忠誠度」的問題。

忠，就是誠懇友愛，一般人或許能容忍上級對下級誠懇友愛，而看不慣下級對上級誠懇友愛，譏之曰：「馬屁精。」

荀子認爲，下級對上級的忠誠有六種，分三個層次：

六種忠誠爲：忠誠言論，忠誠說法，忠誠行事，忠誠謀劃，忠誠讚美，忠誠投訴。

三個層次：

大忠，以道德統攝君主，使他受到感化，叫做「大忠」，例如周公旦效忠於成王。次忠，以道德調養君主，進而輔助他治理好國家，叫做「次忠」，例如管仲效忠齊桓公。下忠，以正確的道理規勸君主的過錯，從而觸怒了他，叫做「下忠」，例如伍子胥效忠吳王夫差。

無論是大忠，次忠或是下忠，都要有利於君主。聽從君命，有利於君主，叫做順從；聽從君命，但不利於君主，則叫做諂媚；違背君主，有利君主，方才叫做忠誠。

可見，荀子的忠誠並不是一味的隨聲附和，聽從命令，如果君主的謀略和行爲發生錯誤，就應大膽進言：或規勸，或力爭，或輔佐，或扶持。

向君主進言，採納就留下，不採納就離去，叫做規勸。伊尹、箕子可以稱得上是規勸的典型了。

向君主進言，採納就留下，不採納就誓死力爭，就叫力諫。比干、伍子胥可以稱得上是力諫的典型了。

聯合有見識的人同心協力，率領群臣百吏共同努力糾正君主的錯誤，即使君主感到不安，也不能不聽從，消除了國家的大害，完成了安定國家的大業，就叫輔佐，平原君對越國可以稱得上是輔佐的典型了。

孝

事親之德之謂孝。

盡忠是事君的道德，盡孝是事親的道德。

在荀子看來，忠君不是絕對的，但盡孝卻是絕對的。即使父母有過錯，也得恭恭敬敬，不可冒犯。你可以不相信這些，但子女贍養父母，事奉父母，尊敬父母，在任何時代都是爲人的基準。

兒不嫌母醜，誰不為人間這種至親至情所縈繞，所感懷呢？

你走遍天涯海角，你還是母親的兒子，你出任王公大臣，你還是母親的兒子。你的身份、地位、名譽可以改變，但你的血液不可改變。

孔子的弟子子路，十分孝敬父母，他後來回憶當初負米養親的情景時，心中仍充滿無限感慨和依戀之情。

「背負重擔道途遙遠的人，不選擇地點而休息，家庭貧寒奉養親情的人，不選擇薪水而做官。從前，父母在世時，我常吃粗糙的飯食，將省下的米糧從百里外背回家中，那時雖然很苦很累，但我心裡滋潤甘甜。父母過世後，我南遊於楚，從車百輛，積粟萬種，累茵（座墊）而坐，列鼎而食，卻不能再為雙親負米百里以盡孝心，再也嚐不到往日的滋潤甘甜了。」

誰不為這種眷眷之情，拳拳之心所動容呢？

信

信者，誠實無欺也。

信，就是誠實不欺。

取信於人，爲立身之根；取信於民，爲治國之本。失去了這個根本，人將不人，國將不國。

一個人可以第一次被欺騙，但難於第二次被欺騙，決不會第三次被欺騙。

一個統治者，可以欺騙全體人民於一時，也可以欺騙一部分人於永久，但決不會欺騙全體人民於永久。

那麼，誠實吧！爲自己而誠實，爲別人而誠實，爲誠實而誠實。

荀子說：「相信應該相信的，是誠實；懷疑應該懷疑的，也是誠實。」

荀子還說：「人可以做到被信任，但不能要求別人必定信任自己；人以不守信用爲恥，不以別人不信任自己爲恥。」

商鞅為秦孝公擬好了變法條令，但耽心百姓不相信官府眞的會依法辦事。於是，便在秦國國都南門豎立一根三丈長的木柱，告示天下，說，誰能將此木柱移到都城北門，獎賞十金。

百姓感到奇怪，不相信會有這麼高的賞金，沒有一人去搬動。商鞅又下令將獎金增為五十金。

最後，終於有一人將此木搬到了北門。商鞅馬上如數給予賞金，以示言而有信。

商鞅取信於民後，才將變法條令頒布執行。

為政者尚且如此，其他各行各業也應如此。為商者守信，生意才會興隆；為工者守信，產品才會精巧；為農者守信，生產才能發展；為師者守信，教育才有威望。

義

言語行動依循的是非標準，叫做義。

義，就是言語行爲的是非標準。

孟子說：「魚，是我喜歡的，熊掌，也是我所喜歡的，如果二者不可兼得，只有捨棄魚而取熊掌。生命是我所愛好的，義理，也是我所愛好的，如果二者不可兼得，只有捨棄生命而取義理。」

荀子說，義理就是用來限制人做壞事，玩弄奸巧的。實行義理，內，可節制人，外，可節制物；對上，可安定君主，對下，可使萬民和睦相處。

水火無情人有情，草木無義人有義。患難見眞情，危急見大義。情義可使人與人之間的關係更親密無間，堅不可破。

有情義的人心中必有他人，有他人的人才能無私，無私的人才天地寬廣。

東漢荀巨伯，一次去探望遠方生病的友人，正碰上胡人攻打郡城，城裡人紛紛棄城而逃。

友人說：「我現在是活不成了，你趕快離開吧！」

巨伯說：「我荀巨伯難道會做毀壞信義而求生的事麼？」堅持不去。

胡人進城後，問荀巨伯是什麼人，爲何膽敢獨自留在城裡。

巨伯答道：「我的朋友患重病，不忍把他丟下，我寧願用自己的身軀贖取朋友的性命。」

胡人聽後，感慨道：「我們這些無義之人，闖進有義之國了。」

於是，撤兵而走，郡城也因而得以保全。

道德

符合道的慾望就要遵從，哪裡會因為慾望增多了就混亂呢？不符合道的慾望而放棄它，哪裡會因為減少了慾望就安定呢？所以，聰明的人只是根據正道來行事，這樣，各家異說的願望就自然都衰亡了。

——荀子《正名》語譯

義與利

將義與利合而為一，才能體驗真實的人生。

孟子去見梁惠王，惠王說：「先生不遠千里而來，大概是有什麼好法子對我梁國有利吧！」孟子說：「大王何必談到利呢？可以說的只有仁義兩個字罷了。」

在孟子那裡，仁義和利益是相矛盾的，不能並存。荀子不以爲然，他主張把義和利統一起來。可見，荀子比孟子更了解人，因而他的思想更現實，更合理，也更易於爲人們所實行。

荀子說，義與利，是每個人都需要的東西，提倡義的人，不一定諱言利，追求利的人，不一定違背義。義應該講，錢也應該賺，這樣的人生才完滿。所以，安貧樂道，不一定可取；見利忘義，則必然爲人所不齒。

利是與生命相伴隨的，見了美食就想品嚐，見了美女就心嚮往之，無論大人物還是小人物，沒有例外。在利面前，人們常常容易走極端，一是談「利」色變，一是說到利，就是銅臭，就是骯髒和卑鄙，就是境界低，似乎只有安貧才能樂道，才高尚，才坦蕩；二是利慾薰心，鬼迷心竅，見利忘義，不顧廉恥。這兩種人都沒有處理好義與利的關係，這就是說，人是應該講利的；人對利的慾求應有一個限度和界限。

義是無盡的，利也是不竭的，任何一種極端都是違背人性的。

荀子說，慾望是人的本性，人的本性是自然形成的，節制是人的努力，人的努力就是要使人的本性日趨完美。如果人無本性，人爲的努力就沒法表現出來，沒有人爲的努力，人的本性就不能自行完美。人的本性與人爲的努力相結合，才能成爲一個眞正的人。

追求應該追求的，享受應該享受的，節制應該節制的。荀子的結論是，人的慾望不能去禁止它，也不能去放縱它，只有把義與利統一起來，才能體驗到立體的人生。

知識與道德

高度的智慧、文明和道德，必須依賴知識的深度和廣度。

莊子說，弓箭、網羅、弩機的知識多，天上的鳥就要遭殃了；釣餌、魚網、魚簍的知識多，河裡的魚就要遭殃了；陷阱、獸欄、兔網的知識多，山林的野獸就要遭殃了；虛僞、欺詐、狡猾、堅白、詭辯、同異的言論多，老百姓就要被這些辯論迷惑了。所以，天下總是不斷地動亂，罪過在於人們喜歡求知。

莊子是對的，他看到了知識對人的扭曲，從而失去了那份做人的自然、本樸和純粹，然而，莊子又走了極端，看到了知識對人的限制，卻忽視了知識對人的滋養和提昇。

人類愈發展，知識愈豐富，知識愈豐富，人類愈文明。沒有知識，人就降低到一棵樹，一匹馬或一隻蟲的位置。當一個人不把你當人看，而看成一株樹，一匹馬或一隻蟲，如果你不是老莊，你也許會憤怒。人應該像一個人而不是像物那樣去活著。

人因無知而知，因求知而文明，高度的智慧，高度的文明和高度的道德必須依賴於知識的深度和廣度。知識的深度和廣度決定了一個人的精神品級。每個人都渴望超越自我，獲得新生，沒有知識的憑藉，你將一無所能。一個知識貧乏的人，根本無力改變自己，更不可能改變世界。

荀子幾乎是毋庸置疑地告訴你，一個人的經濟地位，政治地位，人生價值的改變，唯一的途徑就是去學習；由卑賤到尊貴、由貧窮到富有，由愚昧到聰明，唯一的手段就是去占有知識。

古往今來，找不到一個偉人或聖人不在知識的大地上留下深刻的印跡，找不到一個偉人或聖人斬斷與知識的聯繫，憑空地，夢幻般地去修養道德情操，明白了這一點，也就明白了自己對自己所負的責任和使命。

你想飛翔嗎，知識會給你翅膀和力量。

道德與變達

道德雖為行為的準則，但並非一成不變，而是要能依時權宜。

道德是人行爲的基本準則，但並不是永恆不變的。

淳於　問孟子說：「男女如不能彼此直接用手相接受，這是禮嗎？」

孟子說：「是禮。」

又問：「如果嫂子掉在水中，用不用手去救她呢？」

孟子回答道：「嫂子掉到水裡，如不去救她，簡直就是豺狼了。男女不能直接用手相接受，這是常禮，嫂子掉到水裡，用手去救她，這是一時權宜。」

越苞鎮守遼西，威震天下。爲全孝盡道，派人去接母親和妻子。途中，鮮卑族一萬餘人入侵，他母親、妻子被劫爲人質。

越苞率騎兵二萬人進行抵抗，沒料到鮮卑族人把他母親推到陣前，越苞悲號，對其母親吶喊：「孩兒不孝，本想接您早晚奉養，沒想到反而使您得禍。過去是母子，現在是王臣，我不能爲顧私恩毀掉忠節，只有萬死以報了。」

越母喊道：「威豪，人各有命，何必顧私情而污忠義。過去有王陵的母親面對反使伏劍自殺，以穩定兒的志向。你要勉勵自己，效法王陵。」

於是，越苞即時進戰，大破敵軍，其母及妻子均被殺害。

喪禮

喪禮沒有別的意思，只是用來表示死與生的意義，用哀傷與尊敬的心情送葬，最終周到地加以埋葬。而埋葬是為了恭敬地埋葬死者的軀體；祭祀，是為了恭敬地侍奉死者的靈魂；死者的銘文和悼詞，家譜世系，是為了恭敬地傳揚他的名聲於後世。侍奉初生者，是為了表示生的開始，送別死者，是為了表示生的終結。終始都完備了，孝子的孝道就竭盡了，聖人之道也就完備了。

刻薄地對待死者、豐厚地對待生者，這是墨家薄葬的主張；刻薄地對待生者，豐厚地對待死者，這叫做惑亂；用活人殉葬就叫殘害。大致效法活人的形象用俑來殉葬死者，使人的生與死，終與始無不合宜，而且很完善，這就是禮義的法則儀式，儒者就是這樣的。

——荀子《禮論》語譯

生與死

慎重對等生與死，是禮的表現。

生，是生命的開始，死，是生命的結束。生，只有一次，死，也只有一次。荀子說，對生與死按照禮的法則作出妥善安排，爲人處世之道就完備了。

君子應重視生，同時也慎重地對待死。始終如一，這就是君子的原則，禮義的條文。

一般人只注重生而輕視死，以爲生才有知覺，人只對生負責，至於死，那就是另外一件事了，死後無知覺，因而也就不存在重視不重視的問題。荀子以爲這是奸人處世之道，背叛了自己的良心。

其實，死也是生命的一部分。但人對生與死的感覺是不同的。生是當下的，只要活著，就能體會生的意義和樂趣，這意義和樂趣爲你所感覺所享受。但死就不同了，人死了，他自己無法知道，也無法去感知或體驗死，因此，死從終極的意義上說是完全私人化的。這樣，活著的人只能想像一次死亡，而無法去描述一次死亡。可以說，我們對於死的感覺基本上是對他人的死的感覺，我們對死的態度也就是對他人的死的態度。這就不得不使我們把生和死一同放在禮的範圍內來考慮了。

荀子說，作爲臣子最敬重的是他的君主，作爲子女最敬重的是他的父母，在如何對待君主和父母的死這一點上，人們的感情體現得爲最充分和完全了。

父母在生之年不好好待奉，不注重禮節，這是粗野；父母過世之後不好好喪葬，不注重禮節，也是粗野。一個有教養的人決不會如此。

在中國古代，不同的人死了有不同的喪禮，天子的棺槨有七重，諸侯有五重，大夫有三重，士人有二重，對衣服的厚薄也有一定數量的規定，雖然這種喪禮有等級待遇，但對死者所表達的情感和敬意是一致的，從而使生與死始終如一，這是聖王的原則。

社會係根據一個人的社會地位和影響力舉行喪禮：天子死了，驚動四海，諸侯都來奔喪。諸侯死了，驚動友邦、大夫都來奔喪。大夫死了驚動同僚、士人都來奔喪。士人死了，驚動鄉里、朋友都來奔喪。普通百姓死了，聚合同族，驚動鄉里。這種習慣一直延續至今，並不僅僅是一種形式，而體現了人們對待死的觀念和態度。這種觀念和態度，我們無法通過自己的死去表達，而只能通過他人之死來寄託。

所以，荀子說，慎重地對待生與死就是一種禮的表現。

吉與凶　哀與樂

吉凶、哀樂，

為人生而具有，但表現在行動上，則須依循禮制。

禮，必須妥貼、周致、謹慎，做到取長補短，減少有餘，彌補不足，既要表達愛慕恭敬的禮儀，又養成按照禮的規定去做的美德。

禮儀的修飾與簡略，音樂與哭泣，安祥愉快與憂傷悲戚，這些雖然彼此相反，但都可以在禮中同時採用，隨時轉換。所以，禮儀修飾，音樂、安祥愉快，是爲了對待平安吉慶的事。禮儀簡略，哭泣、憂戚，是爲了對待險惡凶災的事。所以，一種安排都不是隨意的，而是有講究的，具有象徵意味的；體現了人們的情感和態度。設置修好的禮儀，不至流於妖豔；設置簡略的禮儀，不至流於刻薄；設置音樂，是爲了安祥愉快，不至流於放蕩懈怠；設置哭泣的禮儀，是爲了哀傷，但不至於過份悲痛，傷害身體。可見，禮的原則遵循的是中庸之道。

人的神情容貌的變化，只要能夠達到區別吉事與凶事，表明尊貴與卑賤，親近與疏遠的差異，就可以了。

喜悅快樂時面色潤澤，憂傷時面色憔悴，這是吉凶哀樂尊貴的情感在人臉上的表現。唱歌嬉笑、哭泣號啕，這是吉凶哀樂的情感在人聲音上的表現。肉食、米糧、酒醴、粥飯、魚類、豆類，這是吉凶哀樂的情感在人飲食中的表現。祭服、禮服、有彩色花紋的絲織品，粗布、喪服、草鞋，這是吉凶哀樂的情感在人衣服上的表現。還有寬敞明亮的房子、深幽的宮室，蒲席、床、几筵、草編屋頂的房子，守喪的簡陋的木屋，居喪時用柴草做墊席，用土塊做枕頭，這是吉凶哀樂的情感在人居住中的表現。

所以，吉與凶，哀與樂，這兩種情感，是人生來就有的，但在不同時間，不同地點，不同環境，不同人物身上表現出來就有很大差異了。一個有敎養的人，他的一言一行、一舉一動都符合禮的規範和要求，他笑在禮中，哭在禮中，憂在禮中，他吃在禮中，穿在禮中，住在禮中，始終如一，協調完美，謹愼而練達，他在實行禮儀法則的同時也構成了禮儀法則的一部分。

祭祀

祭祀是心意和思慕之情的表達，是忠信與敬愛的極點，亦是禮節之表現。

祭祀，也是一種情感的表達，人到了一定的時候，一定的階段，就會有一種強烈祭祀之情奔突於胸，爲親人，也爲自己。這種感情凝滯，積結，鬱鬱不樂，使我們悔恨和內疚。

人往往會突如其來地想到自己死去的親人，想到他們的舉手投足，音容笑貌。人與人一輩子，難免有遺憾和辜負，隨著親人的逝去，這遺憾和辜負成爲永久，它隨時都會像一場革命一樣衝擊我們，讓我們流淚，揪心和悵惘。爲了給這種情緒一個應有的位置，我們的祖先制訂了祭祀的禮節，從而把我們從難以自拔的境地中解救出來。

荀子說，祭祀是人們心意和思慕之情的表達，是忠信和敬愛的極點，是禮節禮貌的強烈表現，如果不是明慧之人，即使祭祀，也不知道祭祀的眞正涵義。聖人制訂祭祀，士君子把祭祀當成奉行的原則，管祭祀的官吏把祭祀當作職守，老百姓把祭祀看成風俗。

於是，君子，把祭祀當成爲人處世之道，百姓，則把祭祀當成了神鬼的事情。所以，鐘、鼓、管、磬、琴、瑟、竽、笙等樂器，韶、夏、護、武、汋（sháo）、桓、箾（shuó）、象等樂曲，是君子用來表達感情變化和喜樂的禮儀形式。喪服、孝杖、吃粥、睡在薪柴上、用土塊做枕頭，這是君子用來表達感情變化和悲痛的禮儀形式。卜卦看日子的吉凶、齋戒、掃除、在祭席上供獻牲畜黍稷等祭品，向神靈禱告祝願，好像神鬼眞正在享用。各種物品都取一點來奠祭，好像神鬼眞的在嚐試，主人舉杯獻酒，好像神鬼眞的在喝酒。客人離去，主人拜送，脫去祭服，換上喪服，回到坐位上痛哭，好像神鬼眞的離去了一樣。

悲哀啊！恭敬啊！對待死者如同對待生者，好像無形無影，又似乎無所不在，究竟在哪裡，祭祀在人的心中。

祭祀，是一種解脫、一種懺悔、一種安慰、一種越積越厚的情結，一個擺脫不了的召喚。

人間正道

人民貧窮則國家貧困，人民富裕則國家富裕。所以，田野與農村是財貨的根本、官府的貨倉和糧庫是財貨的末節；百姓順應天時，耕作適宜，這是財貨的源泉，按照等級徵收賦稅和國庫收入，這是財貨的支流。所以，英明的君主必定謹慎地適應季節變化，節約開支，發展生產，增加收入，時時考慮這些問題。使世上的貨財都有多餘，而且國家不擔心財貨不足。這樣，上下都富足，財貨多得沒有存放的地方，這是最懂得治國大計的。所以，大禹時遭受了十年水災，湯王時遭受七年的旱災，天下的人民並無飢餓的臉色，十年以後，莊稼又得到豐收，存積的糧食又有多餘，這沒有別的原因，是因為懂得根本與末節，源與流的關係。

——荀子《富國》語譯

思富棄貧

合法地擁有財富，有助於實現人生的價值。

現如今，在金錢面前，誰還能無動於衷，誰還能自命清高，誰還能自以爲是，誰沒有感到金錢力量和壓迫。金錢在向你瞪眼，向你跺腳，向你吼叫，即使你再穩得住，足不出戶，金錢會來敲你的門，伏在你的坐墊下，長出鋒利堅硬的刺。

幾千年來，中國文人安貧樂道，兩袖清風，無論孔孟，或是老莊，個個錚錚鐵骨，寧爲玉碎，不可瓦全，有幾個人把錢放在眼底？他們或不爲五斗米而折腰（陶淵明）、或身處脂膏不自潤（孔奮）、或酌貪泉不易心（吳隱之）、或三十年不易袍（張儉），清風浩浩，綿綿不已。只有荀子，才正眼看了看金錢，他認爲擺脫貧困，追求財富是人的權利，並且把個人占有財富上升到治國的高度：人民富裕，國家才富裕。

然而，人們並沒有從心底裡接受荀子的思想，人們依然鄙薄金錢，笑罵銅臭。直到今天，經濟成爲我們國家最大的政治，人們的觀念才受到根本的挑戰和衝擊。人們才看到金錢另外的價值和意義，才從另外的角度審視這句古語：「有錢能使鬼推磨」，才創造出一句令國人警醒並感奮的格言：「時間就是金錢。」

錢，是生活的基礎，「不可一日無此君」，要吃飯、要穿衣、要交水電費，送子女上學、贍養父母，這些都是紮紮實實的生活，來不得半點虛無和幻想。你或許可以潔身自好，保持清高，但你能讓你的孩子跟著你去清高嗎？他要遊戲機、鋼琴，要上最好的幼兒園或學校，沒錢，行嗎？

錢，是生存的保障。你想讀書，就要買書，可書價越來越高，令你望「書」興嘆。你想外出旅行、遊歷山川、擴大眼界、陶冶情操，沒錢，你只能是井底之蛙。你看到一個殘疾人，可你囊中羞澀，你幫助別人的權利都被剝奪了。也許你說，我同情他，可並不需要這個，他需要實實在在的幫助啊！沒有錢，多少好事也辦不成！

錢，合法地擁有錢，占有財富，也可以幫助你實現人生的價值。一方面，你創造的財富越大，另一方面，你對社會的貢獻也越大。當你用自己的智慧，勞動和創造豐富了人民的物質和文化生活，你個人的價值還小嗎？你可以自豪地說，我對得起自己，對得起社會。

反對平均

正視差別，是人盡其才之道；揚長棄短，是才盡其人之道。

人是有差別的，有人能，有人低能，有人強，有人弱，有人聰明，有人愚鈍，有人精明，有人呆板。所以，能人比低能兒更有眼光，更有手段，更有潛力去發跡致富。如果讓能人去遷就低能兒，那就是對能人的不公平，不人道，久而久之能人也就沒有「能」的動力了，久而久之，能人也成了低能兒。這是能人向低能兒迎合所付出的代價。

所以，人與人的不同，荀子認爲應從人的地位、名分、等級上區別開來。

荀子說，名分相等，就會不辨尊卑，無法統屬了；權勢相等，優劣一致，就會無法集中統一了；大家彼此彼此，誰也無法役使誰了。有了天、有了地、就有了上下的差別，兩個人同樣高貴，就不會相互侍奉，兩個人同樣卑賤，就不能相互役使，這話雖有些刺激人，但卻是天底下的大白話。

尊卑、貧富、上下，有了這樣的區別，就會迫使人們去選擇、拼搏、進取和發奮圖強，才會高貴、富有、被人尊敬；懶惰、不思進取，就只有卑賤、貧困、去侍奉別人。

現在，鼓勵一部分人先富有起來，打破平均主義，調動你、我、他的勞動和創造積極性，其前提也就是已正視了人與人的差別。正視了差別，讓人各就各位，這就是人盡其才的人道；各人認識了自己與人的差別，就會揚長避短，這就是才盡其用的人道。

新的觀點正在形成：貧窮絕不是一件光榮的事情；貧窮即使不令人感到可恥，至少也令人感到羞愧。而平均主義尤其要打破！

陶朱公

他處理義利關係的極端智慧，令人刮目，亦令人深思。

說到致富，順便可以談及陶朱公范蠡。

范蠡追隨越王勾踐二十多年，苦其心志，運籌謀劃，終於滅了吳國，報了會稽之辱。勾踐得以稱霸諸侯，范蠡也被封為將軍。但范蠡深知勾踐為人，只可同患難，不可共安樂。於是急流勇退，攜妻將子，揚帆過海，秘密離開了越國。

范蠡輾轉到了齊國，改名換姓，自稱為鴟夷子皮，在海邊定居下來。從此，率子整治家業，開發經營。

范蠡記得還是在會稽山上曾與另一位謀臣計然共事，計然說：「要打仗就要備戰，備戰就要與貨物打交道。只有知道貨物的生產季節和社會需求的關係，才算是知道貨物。季節和需求的關係能夠明確，則天下所有貨物的供需行情，就能夠看得清楚了。」既然給勾踐出過不少計謀，勾踐實施後，使戰敗的越國很快就富裕起來。

范蠡從中得到啓示：「計然的策略共有七項，越國只用了五項就能如願以償。他的策略對於治國行之有效，如果用於治家，我想必有收益。」

范蠡依計而行，果然，沒有多久，就在海邊積累了數十萬的財產，富甲齊國。齊國人看他賢能，又善於理財，便請他出來爲卿相。范蠡喟然長嘆：「在家能積聚千金，外出能官至卿相，對於普通人這是再高興不過的事了，但長久地享受這些尊榮和名聲並不吉利啊！」於是，又辭了卿相，把大部財產分給親朋好友和鄰里鄉黨，只隨身藏著些珍貴的珠寶，秘密離開齊國，到達宋國的都城陶。

范蠡看到陶位於天下的中心，與諸侯各國四通八達，來往貨物都在此交易，認爲此地經營很容易致富，便在陶定居下來，自稱陶朱公。從此，父子刻苦節儉，親自耕種畜牧，兼營商業。對商品的屯積或脫手，善於看準行情，把握時機，在販進賣出之中，獲取十分之一的利潤。沒幾年，又積累了上億的家產。天下都知道陶朱公了。

范蠡的經營行爲，乃至於他前半生的軍政功勛，大概都符合荀子的志士仁人的標準，那麼，他處理義利關係，並在這上面大有作爲，既確實讓人刮目，也讓人深思。

富貴與道德

倉廩實而知禮節，衣食足而知榮辱。

富貴則淫嗎？富貴必淫嗎？

孔子說：「富貴於我如浮雲。」還說：「君子喻於義，小人喻於利。」而且告誡弟子，「罕言利」。當孔子聽說弟子冉求參加季康子「用田賦」的改革時，指責他幫助季氏「聚斂」財富，宣布將冉求逐出門牆，而且召喚弟子們「鳴鼓而攻之」。孟子比孔子更爲激進，幹脆就講「何必曰利」。那些「雞鳴而起，孳孳爲利」的人不過是「跖之徒」。在孔孟看來，金錢、財富彷彿洪水猛獸，與仁義道德水火難容，厚此必將薄彼。財富充實，道德就淪喪了，道德淪喪，國家就危亡了。

荀子的眼光則現實得多，他看到了一個人的經濟地位對一個人的精神品級的影響。管子有句名言：「倉廩實而知禮節，衣食足而知榮辱。」吃得飽，穿得暖，是提高道德修養的基礎，可以說，一個人富裕了，他的精神面貌是可以大爲改觀的。荀子說的更徹底：「禮者，養也。」這就是說，一個人的經濟地位決定了一人的道德水準。

在道德家眼裡，錢是貪婪、掠奪、欺詐和邪惡的象徵，荀子不以爲然，他認爲錢是富裕的標幟，是智慧和力量的體現，錢財與仁義並非水火不容，而是並行不悖的。正如司馬遷所說：「富者好行其德者」，「人富而仁義附焉」。一般說來，荀子與司馬遷的看法，實事求是地看到了金錢財富對人生存與心理的作用。

孔子雖不奢望富貴，但他至少不窮困，他的生活水準遠在一般人之上，他本來就有豐厚的家產，還不時得到諸侯各國的俸祿與饋贈。如果他一天到晚爲生計所困，他又怎樣去教導學生，又怎麼去周遊列國，遊說仁義呢？在一點上孔孟是有點強調得過分了些，遠沒有荀子態度實際又公允。

經商與文明

商業活動是物質的交流，但也同時促成精神與文明之交流、滲透。

下海的人才知道商場如戰場，如果一個人不投機取巧，不坑蒙拐騙，不偷稅漏稅，不損人利己，依靠自己的智慧、膽識、力量、精明的眼光和格外的天賦而獲得巨大的財富，是一件相當不容易的事情。這樣的人愈有錢，就愈證明他的德操純美、境界高邁；這樣的人愈有錢，就愈證明他對社會的貢獻大，這貢獻並不亞於一個哲學家、一個政治家、一個文學家對社會的貢獻。

荀子說，砍伐山林草木而注意保護森林資源、捕撈湖澤魚鱉而注意保護水產資源，既發家致富了，又培養了情操。如果隨意砍伐，任意捕撈，即使發財了，德行也得不到修養。

另外，商業活動，是一種物質交流活動，不同國家、不同地區進行物質交流的同時，精神文化也在彼此交流、相互滲透。商業行爲不僅豐富了人們的物質生活，也影響到人們的生活方式，人們的生活方式都改變了，思想觀念必然會發生變化。

荀子說，糧食交流、財貨交流，沒有停留，沒有積壓，四海之內若一家。北部出產駿馬和獵狗，中原便得到了馬和狗，便畜養和使用它們。南部出產羽毛、象牙、犀牛皮和朱砂，中原得到了，便當做財寶。東部出產細粗麻布，魚鹽，中原得到了，便製成衣服和食物。西部出產皮革，犛牛尾，中原得到了，便加以利用。

住在水邊的人卻有足夠的木材，住在山區的人有足夠的魚類，農民不用砍削，也用不著製作瓦器，冶煉金屬，卻有足夠的工具使用。工人、商人用不著耕田卻有足夠的糧食。俗話說，靠水吃水，有了商業交流，就可以靠山吃水，靠水吃山了。

電影、電視，錄相機、卡拉ＯＫ，這都是外國的洋玩藝，流傳到我國，我們就掌握了其生產技術，不僅增加了我國的物質財富，也改變了，豐富了我國人民的文化生活，使人民安居樂業，政治的目的不就是此如此麼？

通達之道

君主與人才

英明的君主急於求得治國的人才，昏庸的君主急於奪取權勢。急於求得人才，那麼他自身很安逸，國家卻得到治理、功績巨大而名聲美好，上可以稱王於天下，下也可以稱霸於諸侯。不急於求得人才，而急於奪取權勢，那麼他自己受到勞累，國家卻遭到混亂，功業廢棄，聲名狼藉，國家必然危險。所以，君主在訪求人才時是勞累的，使用人的時候，就安閑了。《尚書·康誥》上說：「只有文王戒慎恐懼、親自去選擇一個人。」

能夠評定任用人才，不使安排失誤，這就叫做君子用人的原則。

——荀子《君道》語譯

人才——第一要素

劉邦之所以能戰勝項羽，擁有天下，主要原因在於他能善用人才。

江山代有人才出。一個領導者的首要任務就是評定人才，選擇人才，使用人才。

法制是治理國家的根本，而人才則是推行法制的根本。法則不能自行發生作用，有了善於治國的人才，法制就能起作用，沒有這樣的人才，法制就會成爲一紙空文。

所以，有了人才，即使法制簡略，但也可以把事辦好；沒有人才，即使法制完備，在施行時失去了先後次序，不能依法處理各種事變，就必定給社會帶來動亂。

大千世界，各行各業，一個人無法博學多能，領導者必須領導形形色色的人，這就要求他將各行各業有才華的人推到領導崗位。荀子說，一個領導者，在訪求人才時，他是勞累的，但使用人才之後，他就輕鬆了。

漢高祖劉邦在洛陽宴請群臣，席上劉邦問：「大家說實話，我所以得天下的原因何在？項羽所以失天下的原因何在？」

高起、王陵回答說：「陛下派人攻城掠地，並用來封給他們，和大家共享這種利益，項羽卻妒賢忌能，對有功者，加害他們，對賢良者，懷疑他們，戰勝而不與人功，得地而不與人利，這就是他失敗的原因。」

劉邦糾正說：「你們只知其一，不知其二。運籌帷幄之中，決勝千里之外，我不如子房；安定國家，親撫百姓，供給糧餉，我不如蕭何；率百萬之衆，戰必勝，攻必取，我不如韓信。我能任用他們，這是我所以得天下的原因。而項羽只有一個范增，卻不能任用他，這就是他所以失天下的原因。」

知人善任

人才是掌握政治原則和法制的總管，片刻也不能缺少。

荀子說，天下事要治理，任務十分艱巨，不是最強有力的人不能勝任，天下事極其複雜，沒有極高的辨別能力的人是不能分辨的；天下的人何其多，不是極英明的人，不能把他們組織團結起來，和睦相處。

賢能的人所用的才智十分簡約，他做事不勞累，可是他能博得很大的功名，能輕易地處理事情，又極其輕鬆愉快，所以，英明的領導者把聰明人當作寶貝，而昏庸的領導者卻把他當作難以駕馭的人。

英明的領導者，應知人善任。

子產擔任鄭國宰相數十年，內無國中之亂，外無諸侯之患。子產的成功在於他能知人所長，人盡其才。

裨諶策劃周全，馮簡子善於判斷，子太叔善於裁決，且富有文采，公孫揮了解四周鄰國的行爲動向，又能隨機應變，採取相應措施。鄭國一旦有事，子產便用車子把裨諶送到郊外，讓他靜心策劃，然後由馮簡子作出決斷，再讓公孫揮擬定文辭，最後交給子太叔去執行，以應對諸侯賓客。如此集中衆人的聰明才智，很少有辦不成的事情。

所以，荀子說，人才是掌握政治原則和法制的總管，片刻也不能缺少。得到了他，國家就能治理，就能安定，就能發展，失去了他，國家就混亂，就危險，就滅亡。

用人當與不當

用人得當，則得天下；用人失當，則失天下。

荀子勸喻，任用一人得當，能取天下；任用一人失當，就會使國家遭到危亡。具體說來，用人得當，工作就一帆風順，反之，就會舉步維艱。大才有大用，小才有小用，一個領導者，就要善於使部屬人盡其才，物盡其用。

齊國有個閭丘邛，年方十八，他攔住齊宣王：「家貧親老，願為小吏。」

宣王說：「你年齡太小，不能做官。」

閭丘邛說：「你說得不對，古有顓頊，行年十二而治天下，秦項槖七歲，為聖人師。由此可見，你只能說我無能而不用，不能說我年紀太小而不用。」

宣王說：「未見小馬駒載重運行，同樣，人也須成熟以後方能為國所用。」

閭丘邛說：「你說得不對。寸有所長，尺有所短。驊騮騏驥，天下駿馬，讓它們與狸鼬在爐灶間比跑，駿馬的速度未必能超過狸鼬。黃鵠白鶴，一舉千里，讓它們與燕子，蝙蝠在堂屋間比飛，鵠鶴的靈便未必能超過燕子、蝙蝠；辟閭巨闕，天下利器，缸石不缺，刺石不銼，但要拔出眼中的灰塵，它未必抵得上麥芒鋼草，由此看來，年長的人與我何異？」

宣王說：「你說得好！你為什麼這麼晚才來見我呢？」於是讓他與自己同車回朝，委以官職。

量人用才——老實、忠誠而又勤勞，即使細小的事情也精心計算，不敢遺漏，這是管理一般具體事務的官吏之才。

修養品德、端正行爲、尊重禮法、重視名分、堅守崗位、搞好業務，不任意增減，可使這些制度、職務世代相傳，不被損害，此士大夫及一般官吏之才。

懂得尊崇禮義是爲尊重權威，懂得敬重有品德的人是爲顯揚美名，懂得愛護人民是爲安定國家，懂得有確定不變的法令是爲統一習俗，懂得崇尚賢人使用能人是爲長遠地建功立業，懂得注重立國之本在農業生產、限制末節工商業發展是爲增加國家財富，懂得不與民爭利是爲有利於辦事，懂得明確制度、權衡事物要符合實用是爲不拘成規。這是擔任卿相輔佐君主之才所要懂得的。

戒不信任

信任一個人，就應完全徹底、不要將信將疑。

使用一個人，就是信任一個人，信任一個人，就應完全徹底，不要將信將疑。因爲信任一個人，是爲了更好地使用一個人。

使用一個人，就要放手讓他去做，讓他做自己想做的，能做的，應該做的，即使有過錯，也是工作中的過錯。相信他會犯錯誤，更相信他會改正錯誤。

一個沒有缺點的人，是一個平庸的人；一個沒有缺點的領導者，是一個平庸的領導者。

信任一個人，沒有比信任一個犯錯誤的人更難的了。

齊桓公極為賞識懷才不遇、隱於商賈之中的寧戚，想提升他為官。群臣議論紛紛，上言進諫：「寧戚乃衛國的人，衛國距齊國不遠，何不派人查探一番他的情況呢？若他確是才高德賢再任用也不遲。」

齊桓公不以為然，堅持己見。他說：「人難免有不足，只知人之小過，不知人之大德，這是失掉天下賢士的原因。」

於是，當日升朝，封寧戚為卿。

荀子說，一個領導者時刻要注意的是：

讓賢良的人去做事，又讓不賢的人去監督他；讓有智謀的人去考慮問題，又讓愚蠢的人去評論他；讓有品德修養的人去做事，又讓內心醜惡的人去懷疑他。即使想把事情辦好，能行嗎？

胸懷與氣度

先王彰明禮義制度來統一人民，致力於忠信來愛護人民，尊敬賢德的人與使用有才能的人，按照品德和能力大小安排不同的職位，反覆強調提高等級和獎賞來鼓勵建立功勛的人。按照時節的不同安排事情，量力而任用人，用來協調統一百姓，普遍地保護與撫養百姓，有如保護初生的嬰兒一樣。如果這樣，奸詐邪惡的人就不敢興風作浪，盜賊也不會作案，而改過自新的人也得到勉勵了。

* * * * *

國家，著眼於大處來治理它，它就強大；著眼於小處治理它，它就弱小。

——荀子《富國》、《王霸》語譯

愛民如子

得民心者，必能得天下。

君主如舟，百姓如水，水可載舟，也可覆舟。說的就是領導與群衆的關係，古代聖賢深諳其中治亂之道，並總結出一條至理名言：得民心者得天下。

周文王事奉商紂王，恭順有禮，按時朝覲，上貢必厚，祭祀必敬。紂王很高興，封文王爲西伯，賜他千里封地。文王以爲得民心必勝於得千里之地，於是，辭去封地，只求免除殘害百姓的炮烙之刑。

齊桓公問管仲道：「當君主的人，以什麼爲貴？」管仲說：「以天爲貴。」桓公仰而視天，不得其意。管仲說：「我所說的天，並非蒼天。君主，應以百姓爲天。百姓擁護，就能安寧，百姓輔佐，就能強盛；百姓反對，就很危險；百姓背棄，就要滅亡。如果百姓聚在一起埋怨國君，國家不亡，那是沒有的事。」

齊王派使者到越國去聘問威后，威后未及打開書信，便問使者：「今年收成好嗎？你們的百姓好嗎？齊王也還好嗎？」使者很不高興，不解地問道：「我奉命出使越國聘問威后，現在您不先問齊王如何，而先問年成與百姓，這豈不是把微賤者放在前面，把尊貴者擺在後面了嗎？」威后回答說：「不是這樣。如果沒有年成，怎麼會有百姓？如果沒有百姓，怎麼會有國君？那有丟開根本不問而去問細微末節的呢？」

荀子說，馬驚車了，坐在車內的人就不安穩；百姓驚懼政事，君主在職位上就不安穩。所以，做君主的就不能不愛民如子。

治理國家的人：能得到百姓效力，就富有；能得到百姓拚死而戰，就強盛；能得到百姓稱頌，就榮耀。

荀子為此擬出的方略是：

- 不給人民以好處，卻要從人民那兒索取好處，不如先給人民以好處，然後再從人民那索取好處。
- 不愛護人民卻想要使用人民，不如先愛護人民然後再使用人民。

•給予人民以好處然後再向人民索取好處，不如給予人民以好處，而不向人民索取好處。

•愛護人民然後使用人民，不如愛護人民而不使用人民。

志向遠大

唯有志向遠大的人，才能有最高的智慧。

齊國大夫公行子之到燕國去，路上遇見曾元，問：「燕國國君如何？」曾元說：「沒有遠大的志向！沒有遠大志向的人就輕視事業，輕視事業的人，就不求賢人幫助，沒有賢人幫助，怎麼能勝任國家大事呢？他只能像氐族人和羌族人一樣野蠻。這樣的人不擔心自己國家的興亡，而只擔心他死後不能沿用氐族、羌族的習俗實行火葬。想的是蠅頭小利，危害的是整個國家的大事啊！」

作為一國之君，一地之主，最可怕的就是目光短淺，胸無大志，只從一己私利出發，爲著權位和官位，爲著享受和享樂，爲著榮華和榮耀，而置國家利益，民衆利益於不顧。

孟子曾多次會見齊宣王，但並不與宣王談論治理國家。孟子的學生十分疑惑，問道：「您多次會見齊宣王，爲什麼不談治國之事呢？」孟子說：「我要先攻破他只講功利、霸道的壞思想。」

孟子講仁說義，就是要讓齊宣王胸懷國家，放眼天下啊！

只有志向遠大的人，才會產生最大的動力，最強的意志和最高的智慧。登高才能望遠。

不感情用事

感情勝過理智，就會有所偏私。

明智的領導重理智和策略，不感情用事。昏庸的領導往往感情用事，喪失理智。如果感情勝過了理智，就會偏私；如果義氣勝過了策略，就會狹隘。

晉文公問大夫咎犯：「可以派誰去鎮守西河？」

咎犯答道：「虞子羔可以。」

文公說：「他不是你的仇人嗎？」

咎犯說：「君王是問誰可以鎮守西河，並不是問誰是我的仇人。」

後來，虞子羔見到咎犯感激地說：「謝謝你寬赦了我的過錯，將我舉荐給君王，讓我得以擔任西河守。」

咎犯說：「舉荐你，是公義，怨恨你，是私情。我不以私事而害公義。你可以走了，不然，小心我從背後用箭射你。」

但並不是所有的人都像咎犯深明大義，公私分明，情理有別，宋太祖趙匡胤就不是這樣的人。

宋初，有人立功，按理當提升官職。趙匡胤一向厭惡其人，丞相趙普相勸，趙匡胤大怒：「我就是不給他升官，怎麼樣？」

趙普說：「刑以懲惡，賞以酬功，此乃古今通道。況且刑賞是天下的刑賞，非你一人之刑賞。豈能以你一人的喜怒爲轉移？」

趙匡胤仍不聽，離座而去，趙普尾隨其後，趙匡胤入宮，趙普便立於宮門，久久不去。趙匡胤終於省悟，才同意其奏請。

學而不怠

子曰：「學如不及，猶恐失之。」

荀子箴言：學習的人不一定都去做官，但做官的人一定要學習。

如今，能坐下來讀書的人已經很少了，能坐下來讀書的當官的人就更少了。許多人做官，既沒有多少知識，也沒有多少見識，更談不上有多少學問。他們做官靠的是多年累積下來的一些基本的經驗：鑽營術、馬屁經和關係學。這些人聽聽呂蒙的故事會有好處。

呂蒙，是三國時吳國著名將領，小時候家裡很窮，沒讀什麼書。

一次，孫權對呂蒙和蔣欽說：「你們如今執掌大權，應加強學習，這樣於己有益。」

呂蒙答道：「軍中事多，無暇讀書。」

孫權說：「我難道是讓你們去當經學博士嗎？不過是讓你們多讀些書以增長見識而已。要說事多，你們難道比我的事還多嗎？我自幼熟讀《詩》、《書》、《左傳》、《國語》，只不讀《易》。執掌朝政以來，經常看《史記》、《漢書》等史書，以及諸子百家的書和兵法，自以為大有收益。你們二人都是很聰明的人，只要肯學習，必會有所得，爲何不這樣做呢？應急讀《孫子》、《六韜》、《左傳》、《國語》及《史記》、《漢書》等。孔子說過：『終日不食，終夜不寢，以思無益，不如學也。』漢光武帝劉秀當兵馬之勞，仍手不釋卷。曹孟德也自稱老而好學。你們爲何不激勵自己，發奮讀書呢？」

從此，呂蒙堅持學習，所讀之書，比一般書生還多。

後魯肅接替周瑜任都督，與呂蒙交談，見識竟常不及呂蒙，魯肅嘆道：「我以爲大弟只有武略，不料今日學識如此英博，再也不是昔日阿蒙了！」

呂蒙說：「士別三日，當刮目相看。」

策略與謀略

君主想迅速取得功效，那麼用調和寬緩的方法要比急於求成收效快，用忠信公平的方法要比重賞更令人喜歡，君主必須先糾正自己的缺點，然後慢慢地責備別人的缺點，這比用刑罰處置更有威力，如果用調和寬緩，忠信公平，正人先正己這三種德行，君主真正地付諸實行，那麼在下的人民必然應和，如影隨形，如聲音回響一樣，即使不想顯耀通達、可能嗎？

——荀子《富國》語譯

綱舉目張

善於提綱舉要者，事事皆順心如意；反之，事必躬親者往往因小失大。

做任何事都須有主有次、有急有緩、有輕有重，切忌鬍子眉毛一把抓。明智的君主，善於抓綱舉要，低能的君主，喜歡事必躬親。善於提綱舉要的，事事都順心如意，喜歡事必躬親的往往因小失大。

荀子說，君主治理國家是有原則的：治理近處的事，不治理遠處的事，治理明顯的事，不治理幽暗的事；君主只治理重要的事，不治理煩雜的事。能夠治理近處的事，那麼遠處的事也會得到治理，治理明顯的事，那麼幽暗處的問題也會按同一道理得到解決。君主如果能把主要的事處理妥當，那麼其他的一切事情也就迎刃而解。

天下的事彼此關聯相互影響，相互滲透，牽一髮而動全身，這就要求抓住根本和要害，一件重要的事做成功了，另一件事也就成功一半。

如何去衡量一個領導者的管理水平呢?荀子說，全面過問天下的政事，每天都有空餘，然而還覺得治理得不夠，達到了這樣的境界，就是治理天下的最高水平了。

君主並不是件件事都要親自過問才是好君主，君主的職責是，選好宰相，公布一個統一的法律，明確一個主要的原則，把握要害，以此統帥一切，普照一切。

宰相也不是件件事都要親自去做才叫宰相，宰相也有宰相的職責，那就是選擇各部門的長官，總管一切事務的治理情況，規定朝中所有官吏的職分，考核他們的功勞，評定他們應得的獎賞，到了年終，把他們的成績功勞呈報給君主，稱職的就留用，不稱職的就罷免。

武王伐紂，戰於牧野，這時，武王的襪帶鬆了。正好有五個臣子，爲了請戰來到武王面前，武王讓他們替他把襪帶繫起來。五個臣子看著武王說：「我們來事奉君王，並非爲了替你繫襪帶。」武王不得已，只好自己去繫。可見君王的權力很大，沒有弄不到的東西，但臣下，能有所不爲，然後才能無所不爲！」

正人先正己

領導者的言行對百姓的影響是無形的，因此，領導者對自己的言行不能不戒慎。

大雁高飛頭雁領、打鐵先得自身硬。

一個領導者的言行對百姓的影響是無形的，他所居的官位越大，其影響往往越大。所以，一個領導者對自己的言行不能不謹慎。

楚莊王喜歡細腰的女人，於是宮中便常有忍飢減肥的女子。由此，荀子比方說，君主好比測量影的儀器日晷，人民如同影子，日晷端正，影子就端正。君主好比一個盤子，人民好比盤中的水，盤子圓那盤中的水也就自然圓。

所以，一個領導者，想要百姓做到，自己必須首先做到，想要百姓不爲，自己必須首先不爲。

齊靈公喜歡宮中女子作男子打扮，於是全國盡相模仿。齊靈公很反感，下令禁止：「女子而男子打扮，就撕其衣，斷其帶！」儘管裂衣斷帶的處罰隨處可見，但女扮男裝的風氣仍得不到禁止。

晏子入朝，靈公問這是什麼原因。晏子回答說，您讓宮內的人女扮男裝，而禁止宮外的人女扮男裝，這就像掛牛頭於外賣馬肉於內。爲什麼不在宮內禁止女扮男裝呢？如果這樣，宮外也就無人敢穿了。

靈公認爲他說得有理，於是禁止宮中女子女扮男裝。不到一個月，國內也無人再女扮男裝了。

恩威並舉

恩威並舉、善惡並施，方能感化並制服人。

爲政之人，既要慈眉善目，又要鐵石心腸，既要寬緩調和，又要威猛嚴厲。慈善，是以道德的力量感化人，威嚴，是以謀略的手段制服人。只有恩威並舉，善惡並施，才能感化人並制服人。

荀子說，爲政的關鍵，對心地善良的人，以禮相待，對心懷不軌的人，以惡相加。對善良和醜惡區別開來了，那麼賢人與不肖之人便不會混淆，是與非便不會紊亂。賢人與不肖之人不混雜、英雄豪傑就會歸順，是與非分明，國家將得到治理。權威樹立起來，名聲會一天天顯赫，天下的人無不仰慕，有令必行，有令必止，那麼執政就完備無缺了。

凡處理政事，威猛嚴厲而又殘酷，又不善於寬以待人，那麼臣下便不敢親近他，以致隱瞞事實眞相，不敢知無不言。如果爲人和藹而又隨便，喜歡寬以待人，但沒有分寸，那麼奸僞的言論就會隨之而來，各種試探性的奇談怪論也將蜂擁而至。如果這樣，處理的方面就要寬廣，執政的事務就會煩瑣，這也同樣會傷害政事。

親於可親之處，疏於必疏之時，思於當思之處，威於必威之時。能這樣，才稱得上有禮有節，有情有義，有方有術，既可團結人，又可領導人。

忠信公平

君主喜好禮義、重賢德，臣民就會講究謙讓，竭盡忠信。

一碗水要端平。這一點對一個領導者而言尤其重要。不能親疏有別，內外有別，上下有別。這就叫忠信公平。

古代驗證符節，辨認契券（均爲信約憑據），是爲了講求信用。如果領導者喜歡玩弄權術，那麼下屬也就會進行欺詐。用抽籤式拈鬮的方法，是爲了公正。如果領導者喜好偏私，那麼下屬也就會乘機鑽營。衡量輕重的秤桿和秤砣，是爲了顯示平正。如果領導者喜好相互傾軋，那麼下屬便會乘機做壞的勾當。

所有這一切都僅僅是治國的支流，而不是治國的本源。荀子認爲，君子才是治國的本源。官吏掌握著度量器械的規定，君子把握著本源。本源清澈支流就清澈，本源渾濁支流就渾濁。所以，君主喜好禮義，尊重賢德的人，使用有才能的人，沒有貪求財利的私心，臣下和百姓就講究謙讓，竭盡忠信，謹守臣子的本職了。這樣，即使是老百姓，也用不著驗證符節，辨別契券，就會守信；用不著抽籤或拈鬮，就會公正；用不著秤桿和秤砣，也會平正。

因此，不用獎賞，人民就勤勉；不用刑罰，人民也順服；官吏不必勞累，事情即可辦成；政令不繁多，風俗也淳美。

所以，徵稅時，人民不認爲負擔過重，外敵入侵時，人民忘記了生死。城廓用不著修整就很堅固，兵器用不著磨礪就很銳利，敵人不用征服就會投降。

六術、五權、三至

辦事而不後悔是最妥當的，而其具體方法為六術、五權、三至

越孝成王，臨武君說：「請問，怎樣做一個將軍？」

孫卿子答道：「放棄無把握的計謀是最大的智慧，不犯錯誤的行動是最好的行動，辦事而不後悔就是最妥當的了。事情做到不後悔就可以了，成功不成功都是其次的事。道理大體如此，但也有具體方法，這就是六術、五權、三至。」

六術（六項戰術原則）：

- 制度和命令，要求嚴厲而具有權威。
- 獎賞和刑罰，要求堅決而講求信用。
- 營建和藏物，要求周密而堅固。
- 調遣軍隊或進或退，要求安全而穩妥，緊急而迅速。
- 偵察敵情變化，要求秘密而深入，反覆分析和驗證。
- 與敵決戰須按我方了解之狀況行動，不可於不了解之狀況下行動。

五權（五項權衡）：

- 不要只求保住權位而唯恐失掉。
- 不要急於求勝而忘記可能失敗。
- 不要單純對內威嚴而輕視外敵。
- 不要只看到有利的一面，而不顧及有害的一面。
- 凡事考慮要深思熟慮，實行獎賞要大大方方。

三至（三項最高原則）：

• 寧可被殺而不讓軍隊設施不完善。

• 寧可被殺而不讓軍隊去打不能取勝的仗。

• 寧可被殺而不讓軍隊去欺壓老百姓。

此外，還有五不大意：

• 愼重謀劃而不疏忽大意。

• 愼重對待軍事而不疏忽大意。

• 愼重對待部屬而不疏忽大意。

• 愼重對待士兵而不疏忽大意。

• 愼重對待敵人而不疏忽大意。

在戰爭中能謹愼地行使上述六項戰術原則，五種權衡，三種最高原則而不疏忽大意，他就是天下無敵的大將，他就用兵如神了。

通達之士

各色人等

人的等類是：思想上沒有去掉私心雜念，卻希望別人說他公正；行動上沒有去掉齷齪卑鄙，卻希望別人說他品德善良；十分愚昧無知，卻希望別人說他知識淵博，這不過是一些芸芸衆生罷了。思想上抑制私心雜念，然後才能一心為公；行動上抑制放縱的性情，然後才能使品德善良；有智慧而又好問，然後才能多才多藝，能夠做到公正，善良又有一定的才幹，就可以叫做小儒了。思想上習慣於公正，行動上習慣於善良，智慧能通曉各類事務的基本原則，這樣，就可以叫做大儒了。

——荀子《儒效》語譯

庸人

與物遷徙、隨波逐流，不知何處是自己的歸宿，是為庸人。

哀公：「請問，什麼樣的人是庸人？」

孔子回答說：「所謂庸人，口裡講不出美好的語言，思想上不懂得謙虛知足，不懂得選取賢良善美的人作爲自己的依靠，用來替自己解脫憂愁。行動時不知道追求的是什麼，休息時不知道定準是什麼，雖然整天對各種事物東挑西選，但不知道最重要的是什麼，與物遷徙、隨波逐流，不知道何處是自己的歸宿，以眼耳鼻口身等五官的享受爲主宰，思想也隨之變壞，如果是這樣，就可以稱之爲庸人了。」

庸人是盲目的，他找不到生存的根據、位置和方向。他說了許多話，可不知道想表達的是什麼，他做了許多事，可不知道做事的目的是什麼。他不知道爲什麼要窮忙，要操心。他就這麼活著，一點奇蹟也沒有，他就這麼死去，一點反響也沒有。他的悲劇就在於他連自己是誰也不知道，他不知道自己該做什麼，能做什麼，爲什麼要做什麼，爲什麼要問這麼多爲什麼。

他活著，比那些聖人走的路還要多，他活得驚人地頑強。他是一塊石頭，一截木頭，可他不知道和別的石頭或木頭發生聯繫，他無能無力，可他拒絕他人幫助，或者說他根本就沒有想到別人可以幫助自己。他的全部活動被感官和感覺控制著，他吃著、穿著、用著，可他不知道從這些吃、穿、住、行中提取生活的價值和意義。

士人

他信奉的是原則和方法，即使不能做到盡善盡美，但一定是有所堅持的。

哀公說：「請問，什麼樣的人是士人？」

孔子回答說：「所謂士人，即使他們不能完全了解治國的原則方法，但一定是有所遵循的，即使不能做到盡善盡美，但一定是有所堅持的。因此，知識不要求多、但一定盡力審察他所認識的是否正確；話語不要求多，但一定盡力審察他所說出的內容，行動不要求多，但一定盡力審察他所經歷的作爲。所以，他懂得已經知道的那些知識，講已經說過的那些話語，做已經經歷過的那些事情，那麼就如同生命、體膚一樣都是不可變更的了。所以富貴也不足以再增加什麼，卑賤也不足以再損失什麼，如果這樣，就可以稱之爲士人了。」

士人說話有板有眼，做事有根有據，他奉信的是原則和方法，他清楚地知道自己所作所爲的結果，爲了一個目標，他會執著地追求下去。他投入了很多，不一定有預期的收穫，但他還會不斷地投入。

士人不求寬也不求廣，不求深也不求博，他的限度就是他的智慧和能力的限度，他比任何其他人對自己更負責任，他只知道傾盡全力，盡可能地按照自己的方式去生活。至於是否可以達到高妙的境界，就看他的運氣和機遇了。

君子

具備仁義道德，但表情上從不顯出驕矜之色；思慮謀劃明白通達，但言辭上從未爭強好勝。

哀公說：「請問，什麼樣的人是君子？」

孔子回答說：「講話力求忠誠老實，不自以爲是，具備仁義道德但表情上從不顯出驕傲神色，思慮謀劃明白通達但言辭上從不爭強好勝，所以舉止從容不迫，好像什麼目的都可以達到，如果這樣，就可以稱之爲君子了。」

君子，就是謙謙之人，一個有涵養的人。他盡可能不與人爭執、論辯，他把鋒芒和力量深深隱藏起來，他是一個深諳韜略之術的人。他說過的每一句話，力求有根有據，他做過的每一件事，力求有禮有節。隨和、寬容、大度、謙遜、自信，以靜制動、以守爲攻，以不變應萬變。

從外表上看，沒有比他更怯弱的人，他樸實得像泥土一樣，他沒有豪言壯語，不標新立異，不驚天動地、不叱咤風雲，他把最美好的品德和才情用最不起眼的言行包裹起來，他就像塊用泥土包裹起來的金子；就這麼看上去，他時時處處都是個失敗者，但他時時處處又是一個成功者，他總是笑到最後的那一個人。

賢人

一個擁有足夠的智慧和力量，以天下為己任的人。

哀公說：「請問，什麼樣的人是賢人？」

孔子回答說：「所謂賢人，行爲合乎禮儀法規但對自身不會傷害，言語足以爲天下效法但對自身不會傷害，富足得擁有天下但不積蓄私財，對天下普遍進行施捨但不擔心自己貧困，如果這樣，就可以稱之爲賢人了。」

賢人是有足夠智慧和力量的人，一個以天下爲己任的人。有足夠的智慧和力量，他才強大，以天下爲己任，他才無己無私。

他的言行自自然然，沒有絲毫做作和媚俗，他並不執意追求成功卻能獲得成功，他並不格外迴避災難卻總能逢凶化吉，他並不特別祈求幸福但總能輕鬆愉快，他把自己納入一定的規矩和方圓中但不感到痛苦和衝突，他博大地愛，但不感到孤獨，他廣泛地施捨，但不感到貧窮，他是自由和自在的人。因此，天下人總是把他做為楷模。

聖人

其智慧通曉大道，順應事物之變化而不遭受困窘，對萬事萬物之本性極其明瞭。

哀公說：「請問，什麼樣的人是聖人？」

孔子回答說：「所謂聖人，他的智慧通曉大道，順應事物的變化而不會受到困窘，對各種事物的性情分辨得淸淸楚楚。所謂大道，就是一切事物變化形成的根本道理；所謂性情，就是判斷是非決定取捨的內在根據。所以，聖人做事像天地那樣廣大，了解事物像日月那樣明亮，他統領萬物像風雨滋潤萬物一樣美好而菁純。他辦事是普通人不能模仿的，如同上天主宰萬物一樣；他辦事是普通人不能領悟的，如同百姓淺薄無知對自己身邊的事也不能認識一樣。如果這樣，就可以稱之爲聖人了。」

聖人，行爲多麼從容啊！是那樣井井有條。多麼威嚴啊！是那樣嚴於律己。多麼堅定啊！是那樣始終如一。多麼安然啊！是那樣長久不息。多麼穩當啊！是那樣循道不移。多麼光明啊！是那樣睿智清晰。多麼端正啊！是那樣行有綱紀。多麼從容啊！是那樣文采洋溢。多麼和樂啊！別人善美他樂意。多麼憂慮啊！別人有錯他焦急。如果這樣，就至善至美、就可以稱之爲聖人了。

境界

君子胸懷寬大但不怠慢別人，有棱角但不刺傷別人，善於辨論但不強辭奪理，明察事物但不偏執一端，正直耿介但不盛氣凌人，執拗倔強但不簡單粗暴，柔和順從但不隨波逐流，恭敬謹慎而寬容大度，這就叫做道德修養達到了最高境界。

* * * * *

雨雖然下得小，但滲入地裡頗深。盡量容納小的，就可以成為大的；積累細微的，就可以成為顯著的。德行達到最高境界的人，臉色表情一定和藹，行為舉止一定完美，名聲就會遠揚四方。

——荀子《不苟》、《大略》語譯

完美純正

人竭盡所能追求完美，實行純正。

人一輩子總是被一種境界或力量所召喚，那就是完美與純正，人的悲劇性和痛苦大都由此而產生，儘管如此，人還是竭盡所能追求著完美，實行著純正。

比如，做學問不完備，不系統，不深湛，是不能被看作完美的。所以，他不停地誦讀詩書，以求貫通，不停地苦心思索，以求理解，從良師益友那裡吸取經驗、智慧和力量，腳踏實地地去做，戒除有害的東西，增進有益的學識，不就是爲了完美與純正嗎？

世上有污穢的東西、醜惡的東西，卑瑣的東西。陰暗的東西，所以，眼睛應有所不視，耳朵應有所不聽，嘴巴應有所不言，內心應有所不慮，力圖使身心寧靜，澄澈而透明，對美好心嚮往之，久而久之，美好便撲面而來，眼睛看到的是美好的，耳朵聽到的是美好的，口中說出的是美好的，內心思慮的也是美好的。

達到了這樣的境界，權勢不能壓倒他、強力不能改變他，天下的任何事情都動搖不了他的精神和意志。活著如此，死亦如此，這就叫做美好的品德和操守了。

於是，天亮呈現光明，大地顯示廣闊，人格的完美與純正就像日與月一樣輝映蒼茫的天空和大地。

溫和如玉

玉，是君子用來比喻道德品行的。詩曰：「思念君子，溫和如玉。」

子貢向孔子請教說：「君子看重美玉，卻看不起像玉那樣的美石，爲什麼？是不是因爲玉少而像玉的美石多呢？」

孔子說：「唉！端木賜，這是什麼話！君子難道因爲多就看不起它，少就看重它嗎？玉，是君子用來比喻道德品行的。玉柔潤有光澤，好比君子的仁慈；堅實而有紋理，好比君子的智慧；堅固剛毅而不彎曲，好比君子的道義；有棱角而不傷人，好比君子的德行，能被折斷卻不彎曲，好比君子的勇敢；玉上的斑點和美麗同時表現出來，好比君子坦蕩的情懷；敲擊它，聲音清脆響亮，遠方也聽得見，不敲擊了，聲音便斷然停止，好比君子的言辭乾淨利落。所以，即使像玉的美石雕上了花紋，還是比不上玉的晶瑩生光。《詩經》上說：『思念君子，溫和如玉。』說的就是這個意思啊！」

威嚴似鐵

若小人成群結黨，則足以令人擔憂。因此當政者應持有威嚴及正義。

孔子做魯國的代理宰相，當政七天就殺了與孔子同在魯國講學的少正卯。

孔子的弟子上前請教，說：「少正卯是魯國的著名人物，先生當政就殺了他，能不失掉人心嗎？」

孔子說：「坐下！我告訴你們殺他的原因。人有五種罪惡，而且盜竊還不算在其內：一是內心明明曉得，卻邪惡不正；二是行爲邪僻而又頑固；三是說話虛僞而又能言善道；四是專門記誦一些醜惡的東西，所知又十分廣博；五是贊成錯誤的言行又加以粉飾潤色。這五種罪行，只要有了其中之一，便逃不脫君主的誅殺。少正卯這五種罪行全都具有，所以，在他居住的地方，門徒集合成群，他的言論足以掩飾邪說，迷惑衆人，他的剛強完全能與正道對立，而獨樹一幟，這是小人中傑出和勇敢的人，不能不不殺。因此，商湯王殺了尹諧，周文王殺了潘止，周公旦殺了管叔鮮，姜太公殺了華仕，管仲殺了付里乙，子產殺了鄭析、史付。這七個被殺的人，都與時代相違背，他們傳播著共同而又有害的思想，不可不殺。如果小人成群結黨，那就足以令人擔憂了。」

神明

處處完全合乎美德的法則是：調理血氣，保養身體，那麼就可以步壽星彭祖的後塵；培養道德品質，自立自足，那麼名聲就可以與堯、舜媲美。既善於適應順境，又善於度過逆境，靠的便是禮法和信義了。

*　*　*　*　*

一事當前，能應付自如，一事發生，能立刻處理，像這樣就可以叫做通達之士了。

*　*　*　*　*

勤奮而又孜孜不倦，就是「君子」，能融會貫通，就成為「聖人」了。

——荀子《修身》、《不苟》、《儒效》語譯

態度

處困境而不卑躬屈膝，處順境而不盛氣凌人；仁義寬厚、品德高潔。

通達之士，謙恭而無所畏懼，敬肅而無所恐懼，處困境而不卑躬屈膝，處順境而不盛氣凌人。因此，他地位卑下時，也享有名望，地位顯赫時，也功滿三秦。他仁義寬厚，品德高潔，而永無止境，明白通達，處理事變，而絕不迷惑。他心平氣和，心境開闊，推行仁義，使之充滿於天地之間，這就是仁愛、智慧的最高表現。

- 對禮義——他恭敬，自然而自覺地遵守。
- 對事情——他處理直接了當，不出現過失。
- 對事變——反應迅捷，絕不猶疑，拖沓，糊塗。
- 對萬物——不去追究其形成原因，只很好地利用其物產。

- 對官吏和技藝人才——他不與他們爭強逞能，只很好地利用其成就。
- 對別人——他不抱怨、寬厚待人、但不阿諛奉承。
- 對自己——謹慎、嚴格、恪守禮義。
- 對上司——忠誠，服從而不懈怠。
- 對下級——他一視同仁，而力戒偏私。
- 對朋友——他講求志同道合，講求禮義。
- 對鄉里——他寬厚、仁慈、而不失分寸。

隨機應變

通達之人遵循著最高標準，那就是變；變才是天地之大道。

堅持一種原則，堅持一種規律，或堅持一種規範，這些都還不夠，通達之人堅持這一切又放棄這一切，他遵循著更高的標準，那就是變。變才是天地之大道。

萬事萬物都在興衰生滅，沉浮起伏，一種原則、規律或規範都有嚴格的時間、地點和條件的限制，所以，天理沒有長久地正確，事情也沒有經常地錯誤。以前有用，現在或者要拋棄；現在拋棄的，以後或者還要用它。這用或者不用沒有一定的是非。所以，能在是非中有是非，又能在是非中無是非，便達到了極高的智慧了。

孔子到呂梁山遊覽，見一男子在那裡游水，便趕上去問他：「呂梁瀑布深幾十丈，流水飛沫遠濺幾十里，魚鱉也不能浮游，剛才我看到你在那裡游走，以爲你是有痛苦而尋死，便打發學生沿著流水去救你。你卻游出水面，披頭散髮，一面走，一面唱，我以爲你是鬼怪，但仔細觀察，還是人。請教你，到達深水中去有什麼辦法呢？」

那男子說：「沒有，我沒有辦法。水迴旋，我跟著迴旋進入水中；水湧出，我跟著湧出水面。順從水的活動，不自作主張，這就是我能游水的緣故。」

所以，隨機應變，與物遷移，不固守一端，不固執一辭，一會兒上，一會兒下，一會兒左，一會兒右，一會兒前，一會兒後，這就是眞正的通達之士了。

能屈能伸

屈於當屈之時，智慧；伸於當伸之機，亦智慧也。

你見過這樣的人嗎？

熱情而又冷靜，粗獷而又細膩、既能走偏世界、又宜燈下獨處，出可為相，退可為民，感受幸福而不自得，遭逢苦痛而不自棄，深沉，睿智，放達而深刻。這樣的人無論在何處都會像清風一樣襲人，無論在何時都像金子一樣放光。

荀子說，大丈夫根據時勢，需要屈就屈，需要伸就伸，可以屈就屈，可以伸就伸。屈於當屈之時，智慧；伸於可伸之機，亦智慧。屈是保存力量，伸是光大力量。屈，是隱匿自我，伸，是高揚自我。屈，是生之低谷，伸，是生之峰巓。有低谷，有峰巓，犬牙交錯，波浪行進，這才構成完滿而豐富的人生。

荀子說，大丈夫推崇他人的德行，頌揚他人的美德，這不是出於阿諛奉承；

公正地、坦率地指出他人的錯誤，這不是出於誹謗和挑剔；客觀地、中肯地表白自己光明磊落，與舜禹相比擬，與天地相參合，這不叫虛誇狂妄。隨時勢能屈能伸，柔順如同蒲席，可捲可張，這不是出於膽小怕事；剛強、勇敢而又堅毅，從不屈服於人，這不是出於驕傲暴戾。

往左！往左！你能應付自如；往右！往右！你能掌握一切。

荀子說：人生達到了如《詩經》所說的這種境界，才不枉爲人生。

直，就直他個清澈見底，屈，就屈他個不露痕跡。美哉！妙哉！快哉！

後記

選擇這樣的思維和筆墨的方式，去接近一個思想家於我是第一次。

其實，在此之前，我已接受過荀子的教誨了，他那些精粹的句子時常在我腦海深處閃爍——「青，取之於藍，而青於藍」，「冰，水爲之，而寒於水」，「積土成山，風雨興焉；積水成淵，蛟龍生焉；積善成德，而神明自得，聖心備焉」，「故不積跬步，無以至千里；不積小流，無以成江海。騏驥一躍，不能十步，駑馬十駕，功在不捨。鍥而捨之，朽木不折；鍥而不捨，金石可鏤」。但僅此而已，我並不曾深入過荀子，直至我撰寫了這本小冊子爲止。

荀子及荀學在歷史上幾經浮沉，在漢代和唐代時被奉爲聖人或聖典，在宋代和明代卻被打入冷宮，而淸代和近代又被尊奉，這說明荀子思想所具備的浩蕩的力量。譚嗣同甚至斷言：「二千年之政，皆秦政也；二千年之學，皆荀學也。」這一方面道出了荀學的影響，另一方面也道出了荀學的特徵。所謂荀學，就是關於治國修身的學問。如果說，我們當今所處的時代和古代哪一個思想家最相印合，那無疑就是荀子。理性精神，求實作風，法治與人治交匯的傾向，強國方略，富民思想，外交政策等等都可以在荀學中找到驚人的相似之處，爲政爲學者不可不讀《荀子》。

然而，這些並非本書所要專注的重心，我所關注的是荀子對古代的總結，對歷史的影響，對現實的智慧以及對人生的啓迪。思想框架是荀子的，我的工作就是充實歷史資料和現實體驗，當然也有一定限度的闡發。我盡可能地讓荀子多講，以他的方式去講，以達到讀者與荀子的直接交流的目的。我究竟在多大程度上達到此一目的，讀者自然心中有數。但這畢竟是經過我的筆而傳達出來的，因而就不能不本能地帶有我思維的痕跡。如果因此而歪曲了荀子，那錯誤完全在我。

荀子是一個實際，理性而謹愼的人，沒有絲毫的虛無、浪漫和飄渺，這對一個長年累月與文學打交道並喜歡作一些形而上玄想的我來說是一個殘酷的限制。有時我眞不知道該怎樣對待荀子，或者說以一種怎樣的方式去傳達荀子，這種傳達既忠實了荀子，又以一種我自以爲比較容易被人接受的面目而出現。我好惶惑。

在這樣一個時代，從事任何關於人生教誨即使是智誨都是危險的事情。荀子是一個不折不扣的教育家，因此就不能不打上教育家的全部優點和弊病，他能教導出如李斯和韓非這樣傑出的人物，但不能保證一個現代人摒棄私心雜念去讀他寫的一頁書。但願我的擔心是多餘的。

最後，我要感謝揚帆先生給了我以這樣接近荀子的機會，這使我得以一個新的方面認識了我自己。我還要感謝陳美蘭先生給了我一定的時間，有效的敦促和及時的鞭策。此外我還要感謝唐桂麗在我寫作過程中所給予的諸多關愛和激勵。

彭萬榮

荀子的人生哲學—進取人生　　中國人生叢書 7

著　　者／彭萬榮
出　　版／揚智文化事業股份有限公司
發 行 人／葉忠賢
責任編輯／賴筱彌
執行編輯／范維君
文字編輯／劉孟琦
地　　址／台北市新生南路三段 88 號 5 樓之 6
電　　話／(02)2366-0309　2366-0313
傳　　真／(02)2366-0310
登 記 證／局版北市業字第 1117 號
印　　刷／偉勵彩色印刷股份有限公司
法律顧問／北辰著作權事務所　蕭雄淋律師
初版四刷／ 1998 年 5 月
定　　價／新臺幣：250 元

南區總經銷／昱泓圖書有限公司
地　　址／嘉義市通化四街 45 號
電　　話／(05)231-1949　231-1572
傳　　真／(05)231-1002

本書如有缺頁、破損、裝訂錯誤，請寄回更換
ISBN➔957-9091-86-2
E-mail➔ufx0309@ms13.hinet.net

國立中央圖書館出版品預行編目資料

荀子的人生哲學：進取人生／彭萬榮著．--
初版．--臺北市：揚智文化，*1994*〔民*83*〕
面；　公分．--(中國人生叢書；7)
ISBN 957-9091-86-2（平裝）．
--*ISBN 957-9272-30-1*（精裝）

1.(周)荀況－學術思想－哲學

121.27　　*83009114*